Wirtschaftspolitische Forschungsarbeiten der Universität zu Köln

Band 44

Geldpolitik in Peru nach der Währungsreform 1990

von

Martina Jung

Herausgegeben von Prof. Dr. Manfred Feldsieper

Tectum Verlag
Marburg 2002

In der Schriftenreihe *Wirtschaftspolitische Forschungsarbeiten* des Tectum Verlags
erscheinen in unregelmäßiger Folge herausragende Forschungsarbeiten aus dem
Umfeld der Universität zu Köln.
Herausgegeben wird die Reihe von Prof. Dr. Manfred Feldsieper.

Die Deutsche Bibliothek - CIP-Einheitsaufnahme

Jung, Martina:
Geldpolitik in Peru nach der Währungsreform 1990
/ von Martina Jung
- Marburg : Tectum Verlag, 2002
Wirtschaftspolitische Forschungsarbeiten der Universität zu Köln ; Bd 44
ISBN 3-8288-8439-3

Tectum Verlag
Marburg 2002

I

INHALTSVERZEICHNIS

VERZEICHNIS DER ABKÜRZUNGEN UND SYMBOLE

b	Kassenhaltungssatz (Bargeldpräferenz)
B	Geldbasis
BCRP	Banco Central de Reservas del Perú (Zentralbank)
BIP	Bruttoinlandsprodukt
CDBCRP	Certificado de Depósito del Banco Central
COPRI	Comisión de Promoción de la Inversión Privada
DDA	von Inländern im Ausland gehaltene Dollareinlagen
DDI	von Inländern im Inland gehaltene Dollareinlagen
e	nominaler Wechselkurs
INDECOPI	Instituto de Defensa del Consumidor y de la Propiedad Intelectual
IPC	Indíce de Precios al Consumidor (Konsumentenpreisindex)
IWF	Internationaler Währungsfond
m	Geldschöpfungsmultiplikator
M1	Bargeld und Sichteinlagen in nationaler Währung
M2	M1 zuzüglich Termin- und Spareinlagen in nationaler Währung
M3	Bargeld sowie Sicht-, Termin- und Spareinlagen in nationaler Währung und in US-Dollars
n.v.	nicht verfügbar
o.V.	ohne Verfasser
P	Preisniveau
Q	Nominales Bruttoinlandsprodukt
r	Mindestreservesatz
S/.	Nuevos Soles
SBS	Superintendencia de Banca y Seguros
SUNAT	Superintendencia Nacional de Administración Tributaria
US$	US-Dollar
TAMEX	Durchschnittlicher Sollzinssatz für ausländische Währung
TAMN	Durchschnittlicher Sollzinssatz für die nationale Währung
TIPMEX	Durchschnittlicher Habenzinssatz für ausländische Währung
TIPMN	Durchschnittlicher Habenzinssatz für die nationale Währung
TOSE	Total de Obligaciones sujetas a encaje
V	Geldumlaufgeschwindigkeit

ABBILDUNGSVERZEICHNIS

V

TABELLENVERZEICHNIS

ANHANG

I. EINLEITUNG UND GANG DER UNTERSUCHUNG

Die geldpolitischen Erfahrungen Lateinamerikas waren bis in die achtziger Jahre durch große monetäre Instabilitäten geprägt, die zu inflationären Tendenzen und einer geringen Glaubwürdigkeit der Geldpolitik führten. Seit Mitte der achtziger Jahre scheint in Lateinamerika jedoch eine neue Phase eingesetzt zu haben, die sich durch vermehrte Stabilisierungsanstrengungen und Reformmaßnahmen auszeichnet. Auch in Peru ist eine solche Entwicklung zu beobachten. Nach dem Ausbruch der Hyperinflation Ende der achtziger Jahre leitete die Regierung Fujimori im Jahr 1990 eine Währungsreform ein, die von einer Reihe über den monetären Sektor hinausgehender Reformmaßnahmen begleitet wurde. Mit der Reform der Zentralbankverfassung wurde die Grundlage für eine stabilitätsorientierte Geldpolitik gelegt. Diese verpflichtet die Zentralbank alleinig auf das Ziel der Geldwertstabilität und verbietet die Monetisierung von Staatsdefiziten. Die seit der Währungsreform durchgeführte Geldpolitik bedient sich einer Geldmengenstrategie. Im Rahmen dieser entschied sich die peruanische Zentralbank für einen graduellen, aber stetigen Abbau der Inflation. Aufgrund diverser Probleme der Geldmengenstrategie, die langfristig die Glaubwürdigkeit der Geldpolitik hätte gefährden können, gab die peruanische Zentralbank zu Beginn des Jahres 2002 bekannt, dass sie in absehbarer Zukunft zu einem Inflation Targeting übergehen werde.

Ziel der vorliegenden Arbeit ist es, die seit der Währungsreform durchgeführte Geld- und Währungspolitik darzustellen, zu analysieren und hinsichtlich der aufgestellten Kriterien zu bewerten. In der Analyse soll vor allem auf die den Handlungsspielraum der Geldpolitik einschränkenden Probleme und deren Ursachen eingegangen werden.

Kapitel II fasst die Politik der Regierung Garcias zusammen und erläutert, in welcher Form diese zum Ausbruch der Hyperinflation 1988 beigetragen hat. In Kapitel III werden darauffolgend die von der Regierung Fujimori eingeleitete Währungsreform sowie deren flankierende Maßnahmen beschrieben. Der eigentliche Untersuchungsgegenstand - die Geld- und Währungspolitik nach der Währungsreform - wird in Kapitel IV dargestellt. Dabei werden die geldpolitische Strategie, das geldpolitische Instrumentarium sowie der Transmissionsmechanismus genauer betrachtet. Da bei der Betrachtung der Geldpolitik auch der jeweilige Kontext, in dem diese wirkt, berücksichtigt werden muss, wird in

Kapitel V näher auf die Dollarisierung der Finanzintermediation eingegangen. Nach einer Darstellung ihrer Ursachen, ihrer Art und ihres Ausmaßes werden die von ihr ausgehenden Handlungsbeschränkungen für die Geldpolitik beleuchtet und daraufhin diskutiert, ob eine vollständige Dollarisierung einen Beitrag zur Lösung der beschriebenen Probleme leisten könnte. Anschließend wird in Kapitel VI eine Bewertung der Geldpolitik seit der Währungsreform vorgenommen. Nach einer Erläuterung der ausgewählten Kriterien, die das Erreichen von Geldwertstabilität, die Wahl und Einhaltung des Zwischenziels, die Glaubwürdigkeit der Geldpolitik sowie die Abstimmung mit der Fiskalpolitik einschließen, wird die Geld- und Währungspolitik anhand dieser beurteilt. Die zentralen Ergebnisse der Arbeit werden abschließend in Kapitel VII zusammengefasst.

II. DIE AUSGANGSLAGE DER WÄHRUNGSREFORM

Die Situation in Peru zum Regierungswechsel 1990 war durch eine katastrophale wirtschaftliche Lage gekennzeichnet, die das Resultat der populistischen Politik der Regierung Alan Garcias von 1985-1990 darstellte. Dessen heterodoxe Wirtschaftspolitik, die von Dornbusch und Edwards als makroökonomischer Populismus[1] bezeichnet wird, hatte durch die Vernachlässigung langfristiger makroökonomischer Aspekte die größte Hyperinflation und Rezession in der Geschichte Perus herbeigeführt.[2] Die ab 1985 ergriffenen Maßnahmen bestanden in der Kontrolle öffentlicher Preise und Gebühren (Treibstoff, Telefon, Elektrizität und Gas), einer Wechselkursfixierung sowie der Einführung multipler Wechselkurse, der Senkung und Festlegung der nominalen Zinssätze, der Anhebung der Reallöhne bei gleichzeitigen Steuersenkungen, einem Subventions- und Beschäftigungsprogramm und Anhebung der Zölle zum Schutz der heimischen Industrie. Man meinte, durch eine Erhöhung der Realeinkommen die Wirtschaft ankurbeln und eine Inflation über die Preiskontrollen zurückhalten zu können. Allerdings blieben wegen der Isolierung Perus von den internationalen Finanzmärkten - eine Folge der Verweigerung der Regierung Garcias dem Schuldendienst an das Ausland nachzukommen - nur interne Quellen zur Finanzierung des durch die gestiegenen Ausgaben und die gesunkenen Einnahmen anwachsenden Fiskaldefizits übrig.[3] Die sinkenden Steuereinnahmen lassen sich durch eine schlecht organisierte Steuerbehörde sowie den Oliveira-Tanzi-Effekt erklären, der den Wertverlust der Steuereinnahmen durch Inflation bei Auseinanderfallen von Steuerentstehung und Steuerzahlung beschreibt. Steigende Ausgaben der Regierung entstanden nicht nur aus dem sich immer mehr aufblähenden Staatssektor, sondern auch aus Quasifiskaldefiziten. Letztere stellen Zentralbankverluste dar, die sich aus den Zinsverlusten sowie Krediten an die staatlichen Entwicklungsbanken aufgrund der Zinssubventionspolitik sowie aus den Wechselkursverlusten zur Aufrechterhaltung des Systems multipler Wechselkurse

---

[1] Vgl. Dornbusch/Edwards (1995), S. 2.
[2] Die am weitesten gebräuchliche Definition des Begriffs Hyperinflation geht auf Cagan (1956) zurück. Demnach beginnt eine Hyperinflation in dem Monat, in dem die monatliche Inflationsrate 50 % überschreitet und endet in dem Monat, vor dem die Inflationsrate unter diesen Wert gefallen ist und dort auch mindestens ein Jahr verbleibt. Nach dieser Definition handelt es sich in Peru eigentlich um zwei Hyperinflationen.
[3] Vgl. Klein (1997), S. 8-9.

4

ergaben.[4] Sowohl das Fiskaldefizit als auch das Quasifiskaldefizit wurden über Zentralbankkredite finanziert, was zu einer Ausdehnung der monetären Basis und damit zu inflationären Tendenzen führte.[5] Durch die Notwendigkeit von Devisenmarktinterventionen zur Aufrechterhaltung der festen Wechselkurse schrumpften die internationalen Währungsreserven bis auf negative Niveaus. Die sich aus der Fixierung des Wechselkurses ergebende Überbewertung der heimischen Währung hatte negative Auswirkungen auf die Wettbewerbsfähigkeit des Exportsektors und damit auf die Handelsbilanz.[6]

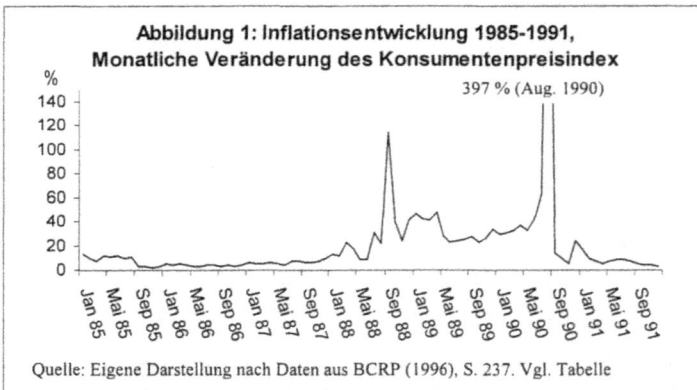

Abbildung 1: Inflationsentwicklung 1985-1991,
Monatliche Veränderung des Konsumentenpreisindex

Quelle: Eigene Darstellung nach Daten aus BCRP (1996), S. 237. Vgl. Tabelle

Nach einer temporären Verbesserung der makroökonomischen Indikatoren, die typisch für die meisten heterodoxen Programme ist, musste sich die Regierung aber der Tatsache stellen, dass ihre kurzfristig ausgerichtete Wirtschaftspolitik langfristige Entwicklungsziele gefährdete.[7] Die durch Emission von Zentralbankgeld finanzierten Fiskaldefizite ließen die Geldbasis schneller steigen als die Geldnachfrage, was zu einem stetigen Anstieg der Inflation führte, die schließlich in der Hyperinflation endete. Einige halbherzige Stabilisierungsversuche führten nicht zu einer Beseitigung der Inflationsursache, nämlich den Budgetdefiziten, was zusätzlich über den Mechanismus der Anpassung der Inflationserwartungen den Inflationsprozess noch verschlimmerte.[8]

---

[4] Zur genaueren Entwicklung dieser Verluste s. Klein (1997), S. 9-11 sowie Pasco-Font (2000), S. 9.
[5] Vgl. Pasco-Font (2000), S. 7.
[6] Vgl. Pasco-Font (2000), S. 9.
[7] Vgl. Thorp (1995), S. 193.
[8] Vgl. Parodi Trece (2001), S. 220-221.

Die Wirtschaftssubjekte reagieren in dieser Situation typischerweise mit einer Flucht aus der nationalen Währung, was über einen Anstieg der Umlaufgeschwindigkeit des Geldes weiteren inflationären Druck erzeugt. Als die internationalen Währungsreserven Ende 1986 erschöpft waren, konnte der Wechselkurs nicht mehr über Devisenverkäufe aufrechterhalten werden, was dazu führte, dass die Inflation außer Kontrolle geriet. Wie aus Abbildung 1 hervorgeht, konnte sie zwischen November 1988 und Mai 1990 noch einmal auf monatliche Werte von jeweils unter 50% gedrückt werden, bevor sie endgültig explodierte.

Neben der Verzerrung der relativen Preise war die wirtschaftliche Situation Perus durch ein zerstörtes Geldwesen, eine sinkende reale Geldmenge, steigende Staatsverschuldung, ein hohes Zahlungsbilanzdefizit und hohe Währungssubstitution gekennzeichnet. Die Reallöhne waren seit 1987 drastisch zurückgegangen. Weiterhin waren 1989 über 80 % der Erwerbsbevölkerung von Arbeitslosigkeit und Unterbeschäftigung betroffen, was einen radikalen Anstieg der in Armut lebenden Bevölkerung zur Folge hatte. Zusätzlich zu dieser ohnehin schon prekären wirtschaftlichen Situation trugen die Ende der achtziger Jahre verstärkt auftretenden Terroraktivitäten der Guerillagruppe Sendero Luminoso zu weiterer Verunsicherung und Beeinträchtigung des öffentlichen Lebens bei.[9]

III. DIE WÄHRUNGSREFORM[10]

In Anbetracht der vorstehend skizzierten Ergebnisse der Regierungspolitik Garcias war dessen Wiederwahl bei den Wahlen im Jahr 1990 ausgeschlossen. Als chancenreichster Kandidat wurde bis kurz vor den Wahlen der Schriftsteller Mario Vargas Llosa gehandelt, der 1988 die Partei „Frente Democrático (Fredemo)" gegründet hatte und im Wahlkampf offen für ein drastisches Stabilisierungsprogramm zur Lösung der wirtschaftlichen Probleme eintrat. Nach einer nur dreiwöchigen Wahlkampagne gelang es aber einem politischen Außenseiter, dem Universitätsprofessor Alberto Fujimori, überraschend die Präsidentschaftswahlen zu gewinnen.[11] Sein Erfolg wird zu einem großen Teil darauf zurückgeführt, dass er im Wahlkampf versicherte, kein wirtschaftliches Schockprogramm

---

[9] Vgl. Parodi Trece (2001), S. 218.
[10] Gemäß Bähr (1994), S. 15 ist hier die „sanierende Währungsreform i.w.S." gemeint, welche die Gesamtheit der Reformmaßnahmen, also die monetären, wechselkurspolitischen als auch flankierenden Maßnahmen nach einer Hyperinflation umfasst.
[11] Vgl. Pasco-Font (2000), S. 14.

durchzuführen. Aber schon kurz nach der Amtsübernahme musste sich Fujimori der Notwendigkeit radikaler Reformmaßnahmen beugen. Die von ihm im August 1990 in Gang gesetzten Reformen bestanden aus einem orthodoxen Stabilisierungsprogramm, das von diversen Strukturreformen begleitet wurde. Eine Liberalisierung der Märkte und eine Modernisierung der Wirtschaft sollte das Land nach außen öffnen und seine Wettbewerbsfähigkeit erhöhen[12] Im Folgenden werden zuerst die Maßnahmen im monetären Sektor, also die „sanierende Währungsreform i.e.S."[13] behandelt. Da die monetären Maßnahmen zentral für die Währungsreform sind, aber alleine nicht ausreichen, um ein dauerhaft glaubwürdiges Geldsystem mit einer stabilen Währung aufzubauen, werden die im Rahmen des Reformprogramms durchgeführten flankierenden Maßnahmen ebenfalls ausführlich dargestellt. Diese umfassende Betrachtung der Reformmaßnahmen bietet wiederum die Grundlage für eine detailliertere Betrachtung der darauffolgenden Entwicklung der Geld- und Währungspolitik in Peru.

1. Geld- und währungspolitische Maßnahmen

1.1 Geldtechnische und wechselkurspolitische Maßnahmen

Kernstück jeder Währungsreform stellen die monetären und wechselkurspolitischen Maßnahmen dar. Im Rahmen dieser Reformschritte wurde durch die Vereinheitlichung der bis dahin multiplen Wechselkurse eine der genannten Quellen für das wachsende Defizit des öffentlichen Sektors beseitigt. Bei der Wahl des Wechselkursregimes entschied man sich gegen eine Wechselkursfixierung, denn wegen des Mangels an Devisenreserven und der hohen Fiskaldefizite wäre Peru zur Aufrechterhaltung eines festen Wechselkurses gar nicht in der Lage gewesen.[14] Da der Wechselkurs nach Hyperinflationen jedoch als Orientierungsgröße für die Inflationserwartungen der Wirtschaftssubjekte dient, versuchte man aber den Wechselkurs durch Interventionen der

---

[12] Vgl. Parodi Trece (2001), S. 258.
[13] Nach Bähr (1994), S. 14 sind unter einer „sanierenden Währungsreform i.e.S." die Reformmaßnahmen im monetären Sektor zu verstehen, also die binnenwirtschaftlichen Änderungen der Geldverfassung als auch Währungsbeziehungen eines Landes zum Ausland."
[14] Vgl. Ledesma Liébana (1997), S. 5.

Zentralbank kurzfristig zu stabilisieren[15] und danach zu einem Geldmengenziel als nominalem Anker und einem Managed Float[16] überzugehen.

Die Anpassung der öffentlichen Preise zu Beginn der Währungsreform führte, abgesehen von einem sowieso schon niedrigen Ausgangsniveau der realen Geldmenge, zu einem weiteren Liquiditätsschock, der eine Remonetisierung in Form einer einmaligen, drastischen Ausdehnung der nominalen Geldmenge notwendig machte.[17] Die Geldschöpfung zur Erweiterung der Geldmenge erreichte man ausschließlich über Ankäufe von Dollars auf dem heimischen Markt, was einerseits eine Aufstockung der Devisenreserven der Zentralbank erlaubte und andererseits eine Stabilisierung des Wechselkurses auf dem gewünschten Niveau ermöglichte.[18] Nach offiziellen Angaben gab man Mitte September 1990 die Wechselkursstabilisierung auf und ging nach erfolgreicher Remonetisierung zu einer restriktiven Geldpolitik über, die in einer Kontrolle der Geldbasis bestand.[19] Aber erst ab Januar 1991 begann die Zentralbank monatliche Ziele für die Ausdehnung der Geldbasis zu verfolgen, die aber weder veröffentlicht[20] noch eingehalten wurden.[21] Insgesamt ist der Übergang zum Geldmengenziel von einer Phase der Verwirrung geprägt, weil sich die Zentralbank, ihren eigenen Aussagen zum Trotz, teilweise noch an dem Wechselkursziel zu orientieren schien.[22] Erst ab September 1991 zeigte sie eine transparentere Haltung zugunsten des Geldmengenziels, welches sie auch mehr oder weniger erreichte, und damit auch zu einem deutlichen Absinken der Inflation beitrug.[23] Im August 1991 wurden jegliche Beschränkungen des Devisen- und Kapitalmarkts abgeschafft, was zu einem erheblichen Kapitalzufluss führte, der zum großen Teil aus bis dahin von Peruanern im Ausland gehaltenen Dollareinlagen bestand. Die durch diesen Zufluss herbeigeführte Aufwertung

---

[15] Vgl. Klein (1997), S. 22-23.
[16] Bei einem Managed Float werden nur extreme Schwankungen des Wechselkurses ausgeglichen, die Tendenz des Wechselkurses aber dem freien Spiel der Marktkräfte überlassen.
[17] Vgl. Klein (1997), S. 24 sowie Velarde/Rodriguez (1990), S. 22.
[18] Pasco-Font (2000), S. 15-16.
[19] Vgl. Armas et al. (2001), S. 34.
[20] Armas et al. (2001), S. 38 begründen die Nichtveröffentlichung der Ziele mit der zu diesem Zeitpunkt fehlenden Glaubwürdigkeit der peruanischen Zentralbank.
[21] Vgl. Rossini Miñan (2001), S. 14.
[22] Vgl. Parodi Trece (2001), S. 265-266.
[23] Vgl. ebenda, S. 274-275.

der heimischen Währung verstärkte das Dilemma zwischen einem wettbewerbsfähigen Wechselkurs und dem Geldmengenziel.[24]

Zur Wiederherstellung des verlorenen Vertrauens in die Währung, entschied man sich, die alte Währung Inti durch eine neue – den Nuevo Sol - zu ersetzen. Das Währungsumstellungsverhältnis, zu dem ab Juli 1991 diese neue Währungseinheit eingeführt wurde, war 1 : 1.000.000.[25] Die Einführung einer neuen Währungseinheit ist im Rahmen einer Währungsreform nicht unbedingt notwendig, stellt aber aus geldpsychologischen Gründen eine hilfreiche Maßnahme zur Unterstützung der Stabilisierung dar. Ohne Beseitigung der Inflationsursachen, einer institutionellen Absicherung der Währung sowie einer restriktiven Geldpolitik ist diese Maßnahme jedoch erfolglos.[26] Eben diese institutionelle Absicherung war zu Anfang der Währungsreform in Peru jedoch nicht gegeben, da bis 1993 noch die alte Zentralbankverfassung in Kraft war, auch wenn die Regierung seit 1990 die durch sie gegebenen Finanzierungsmöglichkeiten bei der Zentralbank nicht mehr in Anspruch genommen hatte. Wegen der außerordentlichen Wichtigkeit der Zentralbankverfassung für die Stabilität einer Währung wird die Reform der Zentralbank und ihrer Verfassung im Folgenden ausführlich dargestellt.

1.2 Zentralbankreform

Da die peruanische Zentralbank (Banco Central de Reserva del Perú – BCRP) über die Finanzierung der Defizite des öffentlichen Sektors eine zentrale Rolle bei der Entstehung der Hyperinflation gespielt hatte, musste ihre Verfassung neu überdacht werden, um eine glaubwürdige Geldpolitik gewährleisten zu können. Bis dahin waren im Zentralbankgesetz drei, sich in einer Kurzfristperspektive möglicherweise widersprechende Ziele der peruanischen Zentralbank verankert: Geldwertstabilität, ökonomisches Wachstum und Beschäftigung.[27] Zusammen mit der expliziten Erlaubnis der Finanzierung der öffentlichen Defizite bildeten diese die Grundlage für den Missbrauch der Zentralbank durch die Regierung Garcias zur Finanzierung ihrer

---

[24] Vgl. Klein (1997), S. 32.
[25] Vgl. ebenda (1997), S. 33.
[26] Vgl. Bähr (1994), S. 60-61.
[27] Vgl. Choy Chong (1999), S. 188.

expansiven Politik. Die peruanische Verfassung von 199328 sowie das neue Zentralbankgesetz[29], das Ende 1992 verabschiedet wurde, stellen somit eine umfassende Reform zur Gewährleistung einer weitgehend unabhängigen Zentralbank dar, deren Politik allein auf das Ziel der Geldwertstabilität ausgerichtet ist.[30] Die langfristige Vorteilhaftigkeit einer unabhängigen Zentralbank besteht darin, dass die systematischen Anreize, eine Politik der Überraschungsinflation zu betreiben, gesenkt werden.[31] Sie befreit die geldpolitisch Verantwortlichen von dem politischen Druck, mit der Geldpolitik auch andere Ziele als das der Geldwertstabilität zu verfolgen. Um mögliche Störfaktoren bei der Erreichung dieses Ziels auszuschalten, muss die Unabhängigkeit einer Zentralbank auf der funktionellen, der personellen, der instrumentellen und der finanziellen Ebene durch die Zentralbankverfassung gesichert sein.[32]

Funktional unabhängig ist eine Zentralbank, wenn ihre Beschlussorgane nicht weisungsgebunden gegenüber Dritten sind.[33] Artikel 1 der neuen peruanischen Zentralbankverfassung gewährt der BCRP Unabhängigkeit im Rahmen ihrer eigenen Verfassung und entzieht sie damit der Beeinflussung durch die Regierung.

Personelle Unabhängigkeit bedeutet, dass „die Organmitglieder nicht über kurze Vertragslaufzeiten bzw. jederzeite Abberufungen unter Druck gesetzt werden können"[34], schließt aber die unausweichliche Ernennung der Organmitglieder durch Regierungsvertreter nicht aus. Die personellen Regelungen[35] wurden zum großen Teil aus dem alten Zentralbankgesetz übernommen. Demnach ist das Direktorium, das aus sieben Direktoren besteht, das oberste Entscheidungsgremium. Die Regierung ernennt für jeweils fünf Jahre vier Direktoren, unter ihnen den Zentralbankpräsidenten. Der Kongress muss diese bestätigen und die übrigen Direktoren bestimmen. Die Amtszeit ist deckungsgleich mit der Legislaturperiode von Präsident und Kongress, was zusammen mit der relativ kurzen Amtzeit einen Schwachpunkt des Gesetzes darstellt. Einerseits könnten somit bei jedem Regierungswechsel eventuell alle Mitglieder des Direktoriums gleichzeitig

---

[28] Vgl. o.V. (1993a), Constitución Política del Peru, Titel III, Kapitel "La Moneda y la Banca", Art. 84.
[29] Vgl. o.V (1993b), Ley Orgánica del Banco Central de Reserva del Perú.
[30] Vgl. Guevara Ruiz (1999), S. 54 sowie Mishkin/Savastano (2000), S. 28, s. auch o.V. (1993b), Art. 2.
[31] Vgl. Bofinger/Reischle/Schächter (1996), S. 181.
[32] Vgl. Görgens/Ruckriegel/Seitz (1999), S. 33-34.
[33] Vgl. ebenda, S. 33.
[34] Vgl. Görgens/Ruckriegel/Seitz (1999), S. 34.
[35] Vgl. o.V. (1993b), Artikel 8 - 41.

ausgetauscht werden, was nicht zu einer langfristig stabilen Geldpolitik beitrüge. Andererseits wird für die Regierung aufgrund des fehlenden Wiederwahlverbots ein Druckausübungspunkt eröffnet. Positiv im Bezug auf die personelle Unabhängigkeit wirkt das in Artikel 20 bis 22 geregelte Abberufungsrecht. Demnach kann ein Direktor nur wegen Straffälligkeit oder schwerem Verstoß gegen das Zentralbankgesetz vorzeitig entlassen werden, was zusätzlich durch eine Zwei-Drittel-Mehrheit des Kongresses bestätigt werden muss.[36]

Instrumentell unabhängig ist eine Zentralbank, wenn sie frei über den Einsatz der geldpolitischen Instrumente entscheiden kann. Während der Regierung Garcias war die BCRP dieser geldpolitischen Autonomie aufgrund eines Systems fester Wechselkurse und des Zugriffs der Regierung auf die Zentralbank zur Finanzierung der Fiskaldefizite beraubt. Die neue Zentralbankverfassung verbietet daher ausdrücklich die direkte wie auch die indirekte Finanzierung des öffentlichen Sektors über Kredite und Garantien.[37] Der Zentralbank ist es jedoch weiterhin gestattet, auf dem Sekundärmarkt staatliche Wertpapiere anzukaufen, aber nur bis maximal 5 % des Basisgeldbestandes zum Ende des Vorjahres. Sowohl aufgrund der geringen Menge der im Umlauf befindlichen staatlichen Wertpapiere als auch der limitierten Ankaufsmöglichkeit durch die BCRP ist davon auszugehen, dass eine schädliche Defizitfinanzierung über diesen Mechanismus ausgeschlossen werden kann. Über das Verbot multipler Wechselkurse sowie sektor- bzw. regionalspezifischer Kredite werden die bis dahin bestehenden Quellen der Quasifiskaldefizite verschlossen. Die Missachtung der in der Zentralbankverfassung festgelegten Verbote ist ein Grund zur Entlassung der Direktoren, die dadurch vor politischem Druck von Seiten der Regierung ausreichend geschützt sind.

Artikel 86 garantiert der Zentralbank finanzielle Autonomie, die sicherstellt, dass die BCRP sich selber mit den erforderlichen Mitteln ausstatten kann, um ihre geldpolitischen Aufgaben ordnungsgemäß zu erfüllen. Damit wird gewährleistet, dass die Unabhängigkeit auf den anderen drei Ebenen nicht untergraben werden kann. Mit Ausnahme der oben angesprochenen Koppelung der relativ kurzen Amtszeiten der Direktoren an die Legislaturperiode erfüllt die neue Zentralbankverfassung weitgehend die Anforderungen, die zur Gewährleistung einer größtmöglichen Unabhängigkeit notwendig sind.

---

[36] Vgl. Klein (1997), S. 36.
[37] Vgl. o.V. (1993b), Artikel 77 – 82.

Durch die Verankerung der Unabhängigkeit der Zentralbank und der wichtigsten Elemente des Zentralbankgesetzes in der peruanischen Verfassung von 1993 wird eine Beschneidung ihrer Unabhängigkeit erschwert. Eine Änderung der peruanischen Verfassung bedarf entweder einer einfachen Mehrheit mit einem anschließenden Referendum oder aber einer parlamentarischen Zwei-Drittel-Mehrheit in zwei aufeinanderfolgenden Legislaturperioden.[38] In einer funktionierenden Demokratie[39] garantieren die dargestellten Reformen eine unabhängige, der Geldwertstabilität verpflichtete Zentralbank und tragen somit zur Wiederherstellung eines vertrauenswürdigen Geldwesens bei.

1.3 Weitere Reformmaßnahmen im Finanzsektor

Weitere Reformmaßnahmen im Finanzsystem betrafen den Bankensektor und waren darauf ausgerichtet, den Wettbewerb, die Festigkeit und das Vertrauen in das zu Beginn der neunziger Jahre sehr schwache Bankensystem zu erhöhen. Die erste wichtige Reform in diesem Bereich war das Gesetz DL637 vom April 1991, das die Grundlage für ein funktionierendes Bankensystem legte. Die Funktionen der Banco de la Nación und der staatlichen Entwicklungsgesellschaft Corporación Financiera de Desarrollo (COFIDE) wurden ab 1992 neu definiert und stark eingeschränkt, alle anderen staatliche Banken aufgelöst bzw. privatisiert.[40] Das DL637 wurde im Oktober 1993 durch ein neues Bankengesetz (DL770) ersetzt, welches die Zinssätze völlig liberalisierte und ein Universalbankensystem einführte. Weiterhin dehnte es das Überwachungs- und Regulierungsregelwerk auf Nichtbanken aus, setzte die Baseler Richtlinien zur angemessenen Eigenkapitalausstattung (1988) in peruanisches Recht um und schuf die juristische Basis für das Einlagensicherungssystem."[41] 1996 fand wiederum eine Novellierung des Bankengesetzes von 1993 statt (Ley 26702), in der die Eigenkapitalvorschriften verschärft und die Rolle der nationalen Bankenaufsicht

---

[38] Vgl. Klein (1994), S. 37.
[39] Im Bezug auf die Verabschiedung der neuen Verfassung, wie auch des Zentralbankgesetzes muss aber berücksichtigt werden, dass zu diesem Zeitpunkt in Peru nicht mehr von einer funktionierenden Demokratie gesprochen werden konnte. Nach dem Selbstputsch Fujimoris im April 1992 war die Macht aufgrund fehlender Gewaltenteilung hauptsächlich auf die Exekutive konzentriert sowie Schlüsselpositionen und die Mehrheit des neuen Kongresses mit regierungstreuen Repräsentanten besetzt. Für detailliertere Ausführungen zur politischen Situation seit 1990 vgl. Crabtree (1998).
[40] Vgl. Rojas (1994), S. 162-163.
[41] Hügle (2001), S. 242.

(Superintendencia de Banca y Seguros del Perú, SBS) gestärkt wurden.[42] Diese Reformmaßnahmen hatten einen entscheidenden Anteil an der bis Ende der neunziger Jahre stark ansteigenden Finanzintermediation der Banken. Trotz der genannten quantitativen und qualitativen Verbesserungen ist das peruanische Bankwesen für lateinamerikanische Verhältnisse aber immer noch relativ klein, unterentwickelt[43] sowie durch eine relativ hohe Konzentration und Segmentierung gekennzeichnet.[44]

Eine weitere wichtige Maßnahme im Rahmen der Währungsreform war die Wiedererlangung der internationalen Kreditwürdigkeit, die Peru durch das Aussetzen der Schuldenzahlungen an ausländische Gläubiger verloren hatte. Da die Zahlung der angehäuften Rückstände den Staatshaushalt überfordert hätten, musste zuerst ein Umschuldungsabkommen mit dem IWF abgeschlossen werden. 1993 erreichte Peru nach der Gewährung eines Überbrückungskredits zur Tilgung der Rückstände durch die sogenannte Unterstützergruppe[45] und dessen Tilgung durch Sonderziehungsrechte des IWF die Wiedereingliederung in das internationale Finanzsystem.

Nach Verhandlungen im Jahre 1996 mit dem Pariser Club, die zu einer Umschuldung bis zum Jahr 2037 führten, belief sich Perus mittel- bis langfristige Auslandsverschuldung gegenüber dessen Mitgliedsländern auf 13,88 Mrd. US$, von denen alleine 5,01 Mrd. US$ Zinszahlungen ausmachten. Die daraus entstehenden Schuldenzahlungen stellen bis zum Jahr 2013 eine jährliche Belastung von 600 bis 900 Mio. US$ dar.[46] Die Umschuldungsverhandlungen im Rahmen des Brady-Plans, die im März 1997 abgeschlossen wurden, gingen von 10,58 Mrd. US$ noch zu zahlenden Schulden der Privatbanken aus, von denen ca. 1,3 Mrd. US$ geleistet wurden. Von einigen Seiten wurden gewisse Unstimmigkeiten dieser Schuldenhöhe mit den bis 1985 bekannten Zahlen sowie die Intransparenz, die mit diesen Verhandlungen einherging, kritisiert.[47] Ein parlamentarischer Untersuchungsausschuss beschäftigt sich seit Mitte 2001 mit diesen

---

[42] Vgl. Alier et al. (1998), S. 22-23 sowie Andino Farto (2000), S. 71-72.
[43] Vgl. Hügle (2001), S. 243-244.
[44] Vgl. dazu Mesias Camargo (1995) und Andino Farto (2000).
[45] Eine Gruppe von elf Ländern, die dem Pariser Club angehören. Der Pariser Club ist ein „informeller Zusammenschluss der Regierungen westlicher Länder zur Abstimmung der Vorgehensweise in dem Falle, dass Entwicklungsländer nicht in der Lage sind, die ursprünglich für ihre öffentlichen und öffentlich garantierten Auslandskredite vereinbarten Zins- und Tilgungsmodalitäten einzuhalten." o.V. (1994), S. 2538
[46] Vgl. Lezama Coca (1999), S. 88.
[47] Vgl. Lezama Coca (1999), S. 90-91.

Unregelmäßigkeiten, mit denen die Regierung Fujimori wahrscheinlich intendierte, über manipulierte Zahlen den Erfolg der Umschuldungsverhandlungen politisch auszunutzen.[48] Peru emittierte 4,26 Mrd. US$ in Brady Bond, die Zinszahlungen von 3,91 Mrd. US$ nach sich ziehen. Für die Tilgung dieser insgesamt 8,17 Mrd. US$ wurden jährliche Schuldenzahlungen von 200 Mio. US$ bis 500 Mio. US$ zwischen 1999 und 2017 vereinbart, die nach einem vorübergehenden Absinken bis zum Jahr 2027 wieder auf über 500 Mio. US$ ansteigen werden. Wie aus Abbildung 2 zu entnehmen ist, stehen zusätzlich bis zum Jahr 2025 noch ein Schuldendienst von 7,32 Mrd. US$ - inklusive Zinszahlungen - an die internationalen Organisationen sowie weitere kleinere Beträge an andere Gläubiger aus. Zusammengenommen bedeutet dies, dass die Auslandsverschuldung Perus inklusive Zinsen im Jahr 1999 31,15 Mrd. US$ umfasste und der gesamte Schuldendienst bis 2020 zwischen 1 Mrd. US$ und 1,9 Mrd. US$ pro Jahr betragen wird.[49] Die Gesamtverschuldung Perus beträgt gemäß BCRP im März 2001 51,6 % des BIP[50], was zwar ein Absinken im Vergleich zu den neunziger Jahren bedeutet, aber immer noch einen beachtlichen Anteil darstellt. Auch wenn die Anteile der jährlichen Schuldenzahlungen an BIP und Exporten[51] ebenfalls eine sinkende Tendenz aufweisen, so stellen sie für die Wirtschaft Perus eine immense Belastung dar, die von den meisten Ökonomen als nicht nachhaltig tragbar eingestuft wird.[52]

2. Flankierende Maßnahmen

2.1 Fiskalpolitische Maßnahmen

Im Rahmen der Währungsreform i.w.S. waren neben den monetären Reformen aber vor allem die Maßnahmen im finanzpolitischen Bereich von Bedeutung, da die Fiskaldefizite die eigentliche Ursache der Hyperinflation darstellt. Um eine weitere Quelle dieser Haushaltsdefizite zu beseitigen, wurden einerseits die durch Preiskontrollen künstlich niedrig gehaltenen öffentlichen Preise nach oben angepasst, was zu einer

---

[48] Vgl. o.V. (2001).
[49] Lezama Coca (1999), S. 82.
[50] BCRP (2001a), S. 98-99. Die genannte Ziffer umfasst die private und öffentliche Auslandsverschuldung kurz-, mittel- und langfristiger Art.
[51] Arnillas et al. (1999), S. 56-57.
[52] Lezama Coca (1999), S. 92-94.

Anpassungsinflation von 397 % im August 1990 führte.[53] Der Großteil der Subventionen wurde abgeschafft sowie die Gehälter der öffentlichen Angestellten nach einmaliger Bonifikation eingefroren. Über einen Abbau des aufgeblähten Staatsapparates versuchte man mittelfristig weitere Ausgaben zu senken. Dazu trugen einerseits ein radikales Kündigungsprogramm[54] als auch die Privatisierung und Schließung staatlicher Unternehmen bei. Andererseits gründete man ein Kassenkomitee (Comité de Caja), das die Staatsausgaben unter Berücksichtung der monatlichen Einnahmensituation zu genehmigen hat.[55] Zum Ausgleich des Fiskaldefizits musste aber vor allem die Einnahmenseite ihren Beitrag leisten. Dazu war es notwendig das erodierte Steuersystem sowie die gesamte Steuerverwaltung grundlegend zu reformieren. Ab 1991 wurden die unübersichtlich verteilten Kompetenzen der Steueradministration auf nur eine Behörde - die SUNAT[56] -konzentriert und deren grundlegende Reform eingeleitet. Weitere Reformen zur Vereinfachung des Steuersystems sowie zur Vergrößerung der Steuerbasis haben ab Mitte der neunziger Jahre die Steuereinnahmen langsam anwachsen lassen.

Abbildung 2: Fiskaldefizit 1990 - 2000

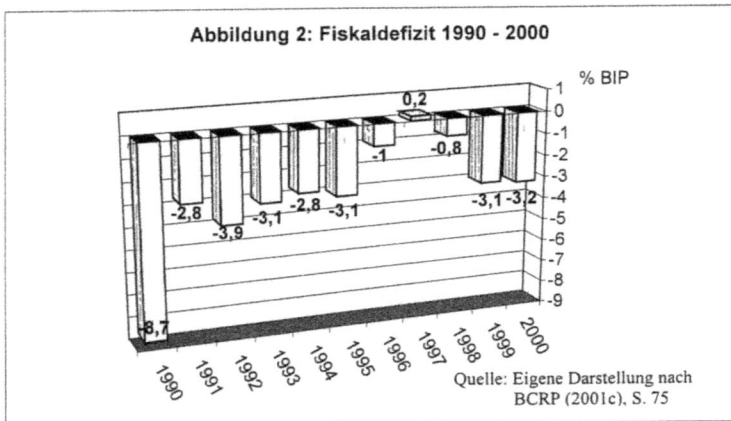

Quelle: Eigene Darstellung nach BCRP (2001c), S. 75

Zur Erhöhung der Einnahmen trugen ebenfalls die von der dafür eingerichteten Behörde COPRI[57] durchgeführten Privatisierungen ehemaliger staatlicher Unternehmen bei.[58] Das

---

[53] Nach der Preisanpassung am 8. August 1990 stiegen die Preise für Treibstoff um 3.040 %, für Elektrizität 5.270 %, für Wasser 1.318 % Telefon 1.295 % sowie für Grundnahrungsmittel durchschnittlich um die 1.000 %. Vgl. dazu Parodi Trece (2001), S. 262-264.
[54] Vgl. Klein (1997), S. 21.
[55] Vgl. Pasco-Font (2000), S. 23.
[56] Superintendencia Nacional de Administración Tributaria.
[57] Comisión de Promoción de la Inversión Privada.

Fiskaldefizit konnte stufenweise zurückgeführt werden. Wie Abbildung 2 verdeutlicht, wurde 1997 zum ersten Mal ein, wenn auch kleiner, Haushaltsüberschuss erzielt, der sich ab 1998 aber wieder in Budgetdefizite von ca. 3 % des BIP wandelte. Die Schwankungen können teilweise auf die massive Unterstützung der Wahlkampagne zur Wiederwahl Fujimoris in den Jahren 1994/1995 und 1999/2000 zurückgeführt werden.[59] Zu berücksichtigen ist auch, dass die Rücklagen und Einnahmen aus den Privatisierungen, die bisher zur teilweisen Finanzierung der Haushaltsdefizite beigetragen haben, ab Ende 2000 abschmelzen werden und somit Finanzierungsprobleme zu erwarten sind.[60] Trotz der erreichten Senkung der Budgetdefizite durch die Reformmaßnahmen ist Peru auch zehn Jahre nach der Reform weit davon entfernt, langfristig einen ausgeglichenen öffentlichen Haushalt zu erreichen.

2.2 Handelsliberalisierung

Als weiterer Teil des Reformprogramms begann die Regierung ab 1991 mit einer radikalen Handelsliberalisierung. In einer ersten Phase wurden alle Importverbote und nicht-tarifäre Handelshemmnisse abgeschafft und die Zölle vermindert und vereinheitlicht. Der Durchschnittszollsatz sank von 66 % im Jahre 1989 auf 16,1 % im Jahre 1992 und die effektive Protektion der Industrie auf 24 %. Importzölle unterlagen nur noch zwei unterschiedlichen Tarifen von 15 % und 25 %, wobei fast 90 % aller Importe unter den ersten, nur Textile, Kleidung und Schuhe unter den höheren Tarif fielen.[61] In einer zweiten Phase wurden die Zollsätze auf 12 % bzw. 20 % vermindert, wodurch der Durchschnittszollsatz auf 13,6 % absank.[62] Ein fünfprozentiger Zuschlag bei einigen Agrarprodukten sollte den Widerstand des Agrarsektors gegen die starken Zollsenkungen mildern. Neben der Teilnahme im Andenpakt ist im Bezug auf die Handelsliberalisierung zu erwähnen, dass Peru 1998 ein Handelsabkommen mit Chile geschlossen hat, in dem es einen Zollsatz von null Prozent auf einige wichtige Produkte festlegte.[63] Als Folge der Liberalisierungsmaßnahmen erhöhten sich die Importe drastisch und erreichten eine durchschnittliche jährliche Wachstumsrate von 27,4 % für die Jahre

---

[58] Vgl. Klein (1997), S. 30. Zu den Privatisierungen s. Kapitel III.2.3
[59] Vgl. Cuba (2000), S. 56-57.
[60] Vgl. ebenda, S. 57-58.
[61] Vgl. Abugattas (1998), S. 64.
[62] Vgl. Kisic (1998), S. 46.
[63] Vgl. Pasco-Font (2000), S. 30.

1990 bis 1996, was den durchschnittlichen Anstieg des inländischen Produktionsniveaus in diesem Zeitraum bei weitem übersteigt.[64]

Diese im Vergleich zu anderen lateinamerikanischen Ländern sehr rasche Handelsliberalisierung fand nahezu gleichzeitig mit dem Stabilisierungsprogramm und den anderen Liberalisierungsmaßnahmen statt. Die ungünstigen Voraussetzungen und die schwierige Lage, in der sich viele peruanische Unternehmen nach dem Schockprogramm von 1990 befanden, machte es ihnen unmöglich, sich im nun plötzlich auf sie hereinbrechenden internationalen Wettbewerb zu behaupten. Die Gründe dafür lagen in einer ungünstigen Preisstruktur, einem abrupten Kostenanstieg durch die gestiegenen Zinsen und der Anpassungsrezession, einem drastischen Nachfragerückgang aufgrund von Kaufkraftverlusten sowie einer Währungsaufwertung, die die Lage nach 1990 kennzeichneten.[65] Ohne genauer auf die „timing and sequencing-Debatte" einzugehen, muss festgestellt werden, dass die relativ simultane Umsetzung der Handelsliberalisierung große soziale und wirtschaftliche Kosten mit sich gebracht hat. Als Gegenargument wird jedoch angebracht, dass eine gleichzeitige und schnelle Liberalisierung aller Märkte die einzige Möglichkeit darstellt, eine spätere Verschleppung durch den Druck unterschiedlicher Interessengruppen zu verhindern.

2.3 Weitere Reformmaßnahmen

Neben der schon in Kapitel III.1.1 erwähnten Liberalisierung des Kapitalverkehrs, die simultan mit der Handelsliberalisierung stattgefunden hat, wurde 1991 die Börse „Bolsa de Valores de Lima (BVL)" privatisiert. Trotz des seitdem stattgefundenen Wachstums ist der peruanische Kapitalmarkt immer noch relativ klein.[66] Einen großen Antrieb für den Kapitalmarkt brachten die 1993 mit der Reform des Rentensystems eingeführten privaten Rentenfonds.[67] Der Zeitpunkt der Öffnung des Kapitalmarkts ist unter dem Gesichtspunkt der Sequenzierung der Reformschritte ebenfalls stark kritisiert worden. Ausgehend von einer schnelleren Anpassung der Kapitalmärkte im Vergleich zu den Gütermärkten, haben unter anderem die hohen Zinsen zu Beginn des Stabilisierungsprogramms einen großen Kapitalzufluss ausgelöst, was über eine starke Aufwertungstendenz die importierten

---

[64] Vgl. Abugattas (1998), S. 65.
[65] Vgl. ebenda, S. 64-65.
[66] Vgl. Choy Chong (1999), S. 188.
[67] Zu Details der Rentenreform vgl. Alier et al (1998) und Lizondo et al. (2001).

Produkte der gerade liberalisierten Gütermärkte zusätzlich verbilligte und somit das Handelsbilanzdefizit vergrößerte. Allerdings wird von Pasco-Font angemerkt, dass Kapitalmarktrestriktionen mit dem Privatisierungsprogramm und dem Ziel ausländische Investitionen zu erhöhen inkonsistent gewesen wären.[68]

Das erwähnte Privatisierungsprogramm leitete die Regierung ab September 1991 in die Wege. In dessen Rahmen wurden zwischen 1992 und 1999 diverse staatliche Unternehmen von der eigens dafür eingerichteten Privatisierungskommission COPRI privatisiert. Bis Ende 1999 erzielte der Staat durch diese Privatisierungen Einnahmen in Höhe von 9 Mrd. US$.[69] Obwohl nicht ausschließlich aus finanzpolitischen Zielen durchgeführt, bedeuteten diese – wie schon im Bezug auf die Fiskaldefizite erwähnt - eine wichtige Einnahmenquelle für den Staat. Einige Ökonomen kritisieren aber, dass die erwünschten Effizienzgewinne in vielen privatisierten Unternehmen bisher nicht erreicht wurden, weil eine große Gruppe der staatlichen Unternehmen im Bereich Elektrizität, Gas und Telekommunikation von einer Situation eines öffentlichen Monopols in ein privates Monopol übergegangen ist und somit die erhofften Preissenkungen nicht eingetreten sind.[70] Obwohl Regulierungsbehörden sowie ein Kartellamt[71] geschaffen wurden, um den Wettbewerb zu sichern, erfüllten diese ihre Aufgabe meist nicht ausreichend.

Die bisherige Darstellung der Maßnahmen im Rahmen der Währungsreform i.w.S. ist keineswegs erschöpfend, sondern sollte die zentralen Entwicklungen in Peru skizzieren und damit als Basis für die weitere Darstellung der Geld- und Währungspolitik nach der ersten Stabilisierungsphase dienen.

IV. GELD- UND WÄHRUNGSPOLITIK NACH DER WÄHRUNGSREFORM

Im Folgenden wird die Geldpolitik der peruanischen Zentralbank in den neunziger Jahren beschrieben und es werden deren grundlegenden Probleme und Herausforderungen herausgearbeitet. Dabei soll - ausgehend von den schon beschriebenen Maßnahmen im Rahmen der Währungsreform - durch die Darstellung der Strategie, der geldpolitischen Instrumente sowie der Kanäle des Transmissionsprozesses ein Überblick über die

---

[68] Vgl. Pasco-Font (2000), S. 60.
[69] Vgl. ebenda, S. 38.
[70] Vgl. Gonzales de Olarte (1998), S. 4.
[71] Instituto de Defensa del Consumidor y de la Propiedad Intelectual (INDECOPI)

peruanische Geldpolitik gegeben werden, dessen Schwerpunkt auf der Entwicklung nach 1994 liegt.

Wie in Kapitel III.1.2 dargestellt, ist seit 1993 das einziges Ziel der peruanischen Zentralbank die Gewährleistung von Geldwertstabilität. Da eine Notenbank das Endziel nicht direkt steuern kann, muss sie versuchen, dieses über eine geldpolitische Strategie zu erreichen. Die Strategie einer Zentralbank ist ein „mittel- bis langfristig ausgerichtetes und in sich stimmiges Verfahren, nach dem im Sinne einer Grundsatzentscheidung über den Instrumenteneinsatz zur Erreichung der geldpolitischen Endziele entschieden wird."[72] Eine als Zwischenziel gewählte Größe muss von der Zentralbank durch den Einsatz von geldpolitischen Instrumenten ausreichend steuerbar sein und einen stabilen Zusammenhang zum Endziel aufweisen.[73] Operative Ziele sind von der Zentralbank direkt kontrollierbare Ziele, über die im geldpolitischen Transmissionsprozess die Zwischenziele erreicht werden sollen und auf die die tägliche Handhabung der geldpolitischen Instrumente fokussiert ist.

1. Strategie und deren Umsetzung durch die BCRP

Wie in Abbildung 3 schematisch verdeutlicht, benutzt die peruanische Zentralbank seit 1994 eine Geldmengenstrategie mit der durchschnittlichen prozentualen Veränderung der Geldbasis als Zwischenziel und den Zentralbankguthaben der Privatbanken als operatives Ziel.[74] Die Wahl der Geldbasis als Zwischenziel wird vor allem mit ihrem engen Zusammenhang zur Inflationsrate begründet.[75] Das Endziel, nämlich das jährliche Inflationsziel, wird seit 1994 als Zielkorridor offiziell angekündigt und seit dem Jahr 2000 im jährlichen geldpolitischen Programm (Programa Monetario Anual) zusammen mit dem jährlichen Zwischenziel und den makroökonomischen Szenario, auf dem dieses basiert, veröffentlicht. Das Programa Monetario wird jährlich im Januar vom Direktorium der BCRP beschlossen und im März und September unter Berücksichtigung der aktuellen makroökonomischen Bedingungen korrigiert.

---

[72] Görgens/Ruckriegel/Seitz (1999), S. 41.
[73] Vgl. ebenda, S. 65
[74] Vgl. BCRP (2001b), S. 3-10.
[75] Vgl. Rossini Miñan (2001), S. 16, s. dazu auch Kapitel VI.1.

In Peru setzte man auf einen graduellen Inflationsabbau, um die Kosten der Disinflation[76] möglichst gering zu halten.

Abbildung 3: Strategie der BCRP

Instrumenten-einsatz	Operatives Ziel Zentralbankgut-haben der Banken	Zwischenziel % Veränderung der Geldbasis[77]	Endziel Preisstabilität

Quelle:Eigene Darstellung nach BCRP (2001b), S. 6

Indikatoren z.B. Inflationserwartung, Zinssätze

Tabelle 1 veranschaulicht die graduelle Senkung der Zielkorridore für die jährliche Inflationsrate.[78] Seit dem Jahr 2000 wird nicht nur das Inflationsziel für das nächste, sondern für die nächsten drei Jahre angekündigt, um der mittel- bis langfristigen Ausrichtung der Geldpolitik gerecht zu werden. Auch wenn die peruanische Strategie durch die Ankündigung der Inflationsziele zum Ende der 90er Jahre Elemente des Inflation Targeting[79] aufgenommen hat, ist herauszustellen, dass die Orientierung auf das monetäre Zwischenziel den Kern der Strategie ausmacht.[80]

Mit der Entscheidung für eine Geldmengensteuerung ergibt sich die Notwendigkeit der regelmäßigen Bestimmung des konkreten Werts des Zwischenziels. Dieser Wert wird seit 1994 als durchschnittliche Wachstumsrate[81] der Geldbasis berechnet und als jährliches

---

[76] Unter Disinflation versteht man die Abnahme der Inflationsrate.

[77] Die Geldbasis ist definiert als Summe von Bargeld und Zentralbankgeldbestand der Kreditinstitute in heimischer Währung, wobei das Bargeld mit 75%-80% den Großteil der Geldbasis ausmacht. Vgl. Quispe Misaico (2000), S. 19.

[78] Die jährliche Inflationsrate wird auf das Jahresende bezogen.

[79] Konzeptionelle Elemente des Inflation Targeting sind: Ein explizites, quantitatives Inflationsziel (unverzichtbares Merkmal), ein „inflation-forecast-targeting" als Durchführungsverfahren, und ein hoher Grad an Transparenz und Rechenschaftspflicht. Vgl. dazu Wagner (1998), S. 295.

[80] Diese angekündigten Inflationsziele bilden aber den Ansatzpunkt zu einem möglichen Übergang zum Inflation Targeting, s. dazu auch VI.3.1.

[81] Der Vorteil im Vergleich zum Verlaufsziel (Wachstumsrate zum Periodenende) besteht in der Ausschaltung von Zufallsschwankungen am Periodenende. Vgl. Bofinger/Reischle/Schächter (1996), S. 260-263.

Ziel in Form eines Zielkorridors angegeben, aber erst seit dem Jahr 2000 offiziell angekündigt. Aufgrund von Änderungen der Determinanten der Geldnachfrage oder der Inflationserwartungen können die Werte für das Zwischenziel aber korrigiert werden.

Tabelle 1: Inflationsziele 1994 – 2004		
	Inflationsziel *	Veröffentlicht in
1994	15 - 20	Carta de Intención 1994
1995	9 - 11	Carta de Intención 1995
1996	9,5 - 11,5	Carta de Intención 1996
1997	8 - 10	Carta de Intención 1997
1998	7,5 - 9	Carta de Intención 1998
1999	5 - 6	Carta de Intención 1999
2000	3,5 - 4	Programa Monetario 2000
2001	2,5 - 3,5	Programa Monetario 2001
2002-2004	1,5 - 3,0	--

* jährliche Inflationsrate zum Jahresende (in %)
Quelle:
Eigene Darstellung nach BCRP (2001c), S. 16 und Rossini Miñan (2001), S. 13

In der Literatur existieren unterschiedliche Ansichten zur Klassifizierung der peruanischen Strategie. Während Peru teilweise als typisches Beispiel für eine Stabilisierung mit monetärem Anker angeführt wird, vertreten z.B. Mishkin und Savastano die Meinung, dass die peruanische Geldpolitik keiner reinen Geldmengenregel unterliege, sondern „has instead followed a conventional two-step approach for the internal design of its monetary policy, using the growth of base money as one of the elements guiding its decisions on instruments settings."[82] Demnach klassifizieren sie die peruanische Strategie als eine diskretionäre Geldpolitik mit einem wachsenden Fokus auf Preisstabilität. Entfernt man sich aber von der engen Definition einer starren Regelbindung, deren strenge Anforderungen in Entwicklungsländern vor allem während Stabilisierungsphasen nicht erfüllbar sind und lässt man einen weiter gefassten Begriff der Geldmengenregel zu, welcher die Berücksichtigung neuer Informationen über den Zustand der Volkswirtschaft einschließt, so lässt sich die Geldpolitik in Peru seit der

---

[82] Mishkin/Savastano (2000), S. 30.

Währungsreform als eine flexible Version einer Geldmengenregel klassifizieren. Eine starre monetaristische Regelbindung kann eine Gefahr für die Stabilisierung der Volkswirtschaft bedeuten, weil sie die während dieser Phase sehr inkonstanten volkswirtschaftlichen Variabeln und die strukturellen Änderungen der Wirtschaft unberücksichtigt lässt. Starke Fluktuationen dieser Variablen können im Falle eines regelgebundenen, konstanten Geldmengenwachstums im monetaristischen Sinne zu unerwünschten Änderungen des Preisniveaus führen. Eine Flexibilisierung der Geldpolitik, durch die solche Veränderungen wichtiger volkswirtschaftliche Variabeln berücksichtigt werden, bedeutet keineswegs die vollständige Aufgabe einer regelgebundenen Politik. „Allerdings soll die Geldpolitik in einem bestimmten Maß endogen sein, um elastisch auf Störungen reagieren zu können."[83] Demnach handelt es sich im peruanischen Fall um eine flexibilisierte Geldpolitik, die darin besteht, dass die Zentralbank ihr Zwischenziel an bestimmte Voraussetzungen bindet, bei deren Änderungen sie das Zwischenziel anpassen kann. Dieses Vorgehen wird von der BCRP solange als nicht problematisch betrachtet, wie der Öffentlichkeit transparent gemacht werden kann, aufgrund welcher Veränderungen in welchen Variabeln die Abweichungen vom Zwischenziel zu Stande gekommen sind.[84] Allerdings wurde dies von der BCRP bis zum Jahr 2000 unzureichend erfüllt. Im Folgenden wird die konkrete Umsetzung der Geldmengenstrategie in Peru beschrieben.

Der erste Schritt zur Bestimmung des Zwischenzielwertes ist die Schätzung der mit dem Inflationsziel und dem prognostizierten Wachstum des Bruttoinlandsproduktes kompatiblen Geldnachfrage nach nationaler Währung. Das mit dieser Schätzung übereinstimmende Wachstum des Geldangebots in nationaler Währung ($\% \Delta M2$)[85] bestimmt sich aus dem als Endziel festgelegten Wert der Inflationsrate ($\% \Delta P$), der prognostizierten Wachstumsrate des nominalen Bruttoinlandsprodukts ($\% \Delta Q$) sowie der Veränderungsrate der Geldumlaufgeschwindigkeit ($\% \Delta V$).[86]

$$\Delta\%M2 = \frac{(1 + \Delta\%P)(1 + \Delta\%Q)}{(1 + \Delta\%V)} - 1 \qquad \text{(Formel 1)}$$

---

[83] Wienen (1994), S. 87.
[84] Vgl. Armas et al. (2001), S. 49.
[85] Das Geldangebot in nationaler Währung (M2) setzt sich zusammen aus dem Bargeldumlauf und den Einlagen der Nichtbanken bei den Kreditinstituten in nationaler Währung. M3 umfasst die Liquidität in nationaler und ausländischer Währung.
[86] Vgl. BCRP (2001b), S. 6-7.

Das auf diese Weise festgelegte Wachstum des Geldangebots hat einen positiven Zusammenhang zur Inflationsrate und dem wirtschaftlichen Wachstum sowie einen negativen Zusammenhang zur Umlaufgeschwindigkeit des Geldes. Um ausgehend hiervon den Wert für das *Zwischenziel,* nämlich die prozentuale Veränderung der Geldbasis *(% Δ B),* zu errechnen, muss man über folgende Formel den Geldschöpfungsmultiplikator (m)[87] berücksichtigen, der den Zusammenhang zwischen der Veränderung der Geldbasis und des Geldangebots in nationaler Währung darstellt:

$$\Delta\%B = \frac{(1 + \Delta\%M2)}{(1 + \Delta\%m)} - 1 \qquad \text{(Formel 2)}$$

Tabelle 2 fasst die Entwicklung der zur Berechnung der Zwischenzielwerte relevanten Variablen für die Jahre 1995-2001 zusammen. Sie verdeutlicht, dass die für die Berechnung wichtigen volkswirtschaftlichen Größen, wie z.B. die Umlaufgeschwindigkeit des Geldmengenaggregats M2, im Stabilisierungsprozess einer großen Fluktuation unterliegen, was einen Unsicherheitsfaktor bei der Festlegung des Zwischenziels darstellt. Trotz dieser Schwankungen ist aber ein abnehmendes Wachstum der Geldbasis sowie des Geldangebots zu erkennen.

Tabelle 2: Für die Bestimmung des Geldmengenziels relevante Variablen (durchschnittliche jährliche Wachstumsraten in %)					
	BIP (nominal) (P x Q)	M2-Umlauf-geschwindigkeit (V)	Geld-angebot (M2)	Geldschöpfungs-multiplikator (m)	Geldbasis (B)
1995	22,6	-16,6	47,0	4,5	40,7
1996	13,3	-9,1	24,7	8,2	15,3
1997	14,9	-3,6	19,1	4,8	13,7
1998	5,9	-8,2	15,3	2,5	12,5
1999	4,9	3,2	1,7	-4,7	6,7
2000	6,9	0,9	6,0	0,0	6,0
2001*	6,1	-0,5	6,6	2,5	4,0

* Prognose aus Programa Monetario 2001

Quelle: Eigene Darstellung nach BCRP (2001b), S. 7

---

[87] m = M2/B = 1/[b + (1-b)r] , wobei b = Kassenhaltungssatz und r = Mindestreservesatz.

Bei ihren regelmäßigen Revisionen des Zwischenziels berücksichtigt die Zentralbank außerdem eine Reihe von Indikatoren, wie den Interbankenzinssatz, den Wechselkurs, die Haushaltslage, die Inflationserwartungen und Kredite an den Privatsektor.[88]

Die jährlichen Ziele bilden den Rahmen für die Setzung von vierteljährlichen und monatlichen Zwischenzielen. Zur Erreichung der gesetzten Zwischenziele kann die BCRP aber nur indirekt über operative Ziele beitragen. Die peruanische Notenbank orientiert sich in ihren täglichen geldpolitischen Entscheidungen daher an den Zentralbankguthaben der Kreditinstitute, an denen sich die den Banken zur Verfügung stehende Liquidität ablesen lässt. Einmal im Monat veröffentlicht sie[89] die Zielkorridorwerte für das operative Ziel, die mit den längerfristigen Wachstumszielen der Geldbasis kompatibel sind.[90] Täglich wird auf der Basis dieser Werte das vorhandene Niveau der Zentralbankguthaben unter Berücksichtigung weiterer Indikatoren, wie dem Interbankenzinssatz und der Nettoauslandsposition der Banken mit dem Zielwert verglichen und auf Grundlage der jeweiligen Abweichung der Einsatz der geldpolitischen Instrumente beschlossen.

Die Entscheidung zugunsten einer Geldmengenorientierung impliziert einen floatenden Wechselkurs.[91] Dies muss aber nicht unbedingt den vollständigen Verzicht auf Devisenmarktinterventionen bedeuten, solange die Zentralbank gewährleistet, dass der nominale Wechselkurs sich in die Richtung, die der Markt vorgibt, bewegt und keinen nominalen Anker für die Geldpolitik darstellt.[92] Nach Angaben der BCRP bestimmen sich sowohl der Wechselkurs als auch die Zinssätze frei über den Markt.[93] Offiziell wird in Peru ein Managed Float praktiziert, in dessen Rahmen die BCRP in bestimmten Situationen über Dollarverkäufe bzw. –ankäufe[94] auf dem Devisenmarkt interveniert. Diese Interventionen sollen vor allem unerwünschte, kurzfristige Fluktuationen des Wechselkurses[95] ausgleichen, die mit hohen Kosten für die Wirtschaft verbunden sind,

---

[88] Vgl. de la Rocha (1998), S. 186.
[89] Siehe „Nota Informativa". Diese wird unter anderem auf der Homepage der BCRP (www.bcrp.gob.pe) veröffentlicht.
[90] Vgl. BCRP (2001b), S. 8-9.
[91] Ausführlicher dazu Schweickert (1993), S. 38-52.
[92] Vgl. Mishkin/Savastano (2000), S. 7.
[93] Vgl. BCRP (2001b), S. 8.
[94] Die Begriffe Fremdwährung, ausländische Währung bzw. Devisen beziehen sich im Folgenden nur auf den US-Dollar.
[95] Wechselkurs in Preisnotierung (Soles/$), eine Aufwertung ist demnach mit einem Sinken des Wechselkurses und eine Abwertung mit einem Anstieg des Wechselkurses gleichzusetzen.

24

ohne aber den Trend des Wechselkurses zu beeinflussen.[96] Der Umfang der Interventionen richtet sich nach dem im geldpolitischen Programm festgelegten Pfad des Wachstums der Geldbasis. Innerhalb dieses Rahmens sollen Devisenmarktinterventionen saisonale Schwankungen der Geldnachfrage, wie sie z.b. während der Steuerzahlungsperiode auftreten, ausgleichen, um Liquiditätsengpässe zu verhindern. Dies trifft auch auf die temporär erhöhte Devisennachfrage zu, welche die Regierung durch den Schuldendienst an das Ausland verursacht. Besonders in der anfänglichen Stabilisierungsphase dienten die Devisenmarktinterventionen aber ebenfalls der in Kapitel III.1.1 beschriebenen Remonetisierung. Seit Anfang der neunziger Jahre stellen Dollarankäufe praktisch die einzige Quelle des Geldbasiswachstums dar, über die einerseits die Liquidität des Finanzsektors in nationaler Währung gesteigert und andererseits die 1990 auf negativen Niveaus befindlichen internationalen Reserven der BCRP wieder auf ein beachtliches Niveau aufgestockt werden konnten. Die Interventionsentscheidungen der BCRP unterliegen aber auch noch weiteren Faktoren. So sah sich Peru in den neunziger Jahren mit einem starken Kapitalzufluss[97] konfrontiert, der einen Aufwertungsdruck mit sich brachte. Um dieser Aufwertung entgegenzuwirken, intervenierte die BCRP in den letzten Jahren in diesen Phasen verstärkt auf dem Devisenmarkt. Nach eigenen Angaben zog sie sich in Phasen eines Abwertungsdrucks dagegen vom Devisenmarkt zurück.[98] Weiterhin ist es der Zentralbank im Falle, in dem die verfügbare Liquidität der Wirtschaft durch unerwartete Änderungen der sie beeinflussenden Variabeln von der im geldpolitischen Programm festgelegten stark abweicht, erlaubt, auch über die festgelegten Interventionsgrenzen hinaus Dollarankäufe bzw. -verkäufe zu tätigen. Um eine unerwünschte Expansion der Geldbasis zu vermeiden, müssen die höheren Dollarankäufe dann aber durch entsprechend gegenläufige Offenmarktoperationen sterilisiert werden, was für die BCRP mit finanziellen Kosten verbunden ist. Aus diesen Erläuterungen wird deutlich, dass die Devisenankäufe der

---

[96] Vgl. Choy Chong (1999), S. 196.

[97] In einem Umfeld international niedriger Zinsen zu Beginn der neunziger Jahre, wurden nach den wirtschaftlichen Reformen Entwicklungsländer wie Peru wegen ihres hohen Zinsniveaus für ausländische Anleger attraktiv, vgl. Klein (1997), S. 64. Weiterhin üben die nicht unbeträchtlichen Einnahmen aus dem illegalen Export von Kokablättern sowie dessen Nebenprodukten einen Aufwertungsdruck auf den Wechselkurs aus, vgl. Campodónico (1994), S. 159-161, weswegen daher teilweise von der Existenz eines Dutch Disease ausgegangen wird, vgl. Alvarez (1998), S. 108-126 sowie Kiguel/Liviatian (1995), S. 402. Auch die Überweisungen von peruanischen Emigranten an ihre Familienangehörigen in Peru, die „remesas", haben inzwischen nicht zu vernachlässigende Ausmaße erreicht.

BCRP einen mit dem monetären Ziel des geldpolitischen Programms konsistenten Umfang nicht übersteigen dürfen.

Die Wechselkurspolitik der peruanischen Zentralbank ist in den letzten Jahren ein viel diskutiertes Thema gewesen. Wegen der relativ geringen Schwankungen des Wechselkurses haben einige Ökonomen wie Calvo und Reinhart[99] sowie Dancourt[100] die Vermutung geäußert, dass in Peru ein „Fear of Floating" vorherrsche. Sie bezweifeln somit, dass der Wechselkurs wirklich so frei floate, wie von der BCRP behauptet. Mögliche Gründe für ein „Fear of Floating" liegen in der partiellen Dollarisierung begründet, auf die in Kapitel V genauer eingegangen wird. Weiterhin identifizieren Mishkin und Savastano[101] den Aufwertungsdruck aufgrund größerer Kapitalzuflüsse als typischen Interventionsgrund auf dem Devisenmarkt. Mit steigender Anzahl der Interventionen der Zentralbank können diese ihren Ausnahmecharakter verlieren und somit die Grenzen zwischen Managed Float und Soft Peg verwischen bzw. sich in einem Bereich befinden, in dem wegen einer fehlenden präzisen theoretischen und empirischen Definition eines floatenden Wechselkurses der Übergang von einem zum anderen nicht mehr bestimmbar wird.[102] Die BCRP bestreitet jedoch, implizit eine Wechselkursstabilisierung zu betreiben und betont, dass die Devisenmarktinterventionen immer den Erfordernissen der Steuerung im Bezug auf den nominellen Anker untergeordnet wurden.[103]

2. Geldpolitische Instrumente

Das geldpolitische Instrumentarium muss die Zentralbank in die Lage versetzen, das operative Ziel zu steuern und eindeutige geldpolitische Signale zu setzen. Die peruanische Geldpolitik nach der Währungsreform ist durch eine Tendenz weg von den direkten Eingriffen in den Markt hin zur Entwicklung indirekter Instrumente gekennzeichnet. Diese ermöglichen es der BCRP, je nach Abweichung von ihrem täglichen Geldbasisziel, dem Finanzsystem Liquidität zuzuführen bzw. zu entziehen. Im Folgenden werden die wichtigsten geldpolitischen Instrumente der BCRP dargestellt. Diese lassen sich

---

[98] Vgl. Choy Chong (1999), S. 197-200.
[99] Vgl. Calvo/Reinhart (2000a) und Calvo/Reinhart (2000b).
[100] Vgl. Dancourt (1999), S. 58-63.
[101] Vgl. Mishkin/Savastano (2000), S. 8.
[102] Vgl. Mishkin/Savastano (2000), S. 7.
[103] Vgl. Arena/Tuesta (1999), S. 85.

unterteilen in Offenmarktpolitik, Devisenmarktinterventionen, Mindestreservepolitik und ständige Fazilitäten.

2.1 Offenmarktpolitik

Unter Offenmarktpolitik „versteht man den An- und Verkauf von Wertpapieren durch die Notenbank für eigene Rechnung."[104] Dies bedeutet, dass ein Verkauf von Offenmarkttiteln mit einer Vernichtung und ein Ankauf mit einer Schaffung von Zentralbankgeld verbunden ist.

2.1.1 CDBCRP-Emission

Die peruanische Notenbank emittiert seit 1992 eigene festverzinsliche Wertpapiere, mit deren Ausgabe sie die Geldbasis verringern kann.[105] Der Markt für diese CDBCRP (steht für Certificados de Depósitos del BCRP) ersetzt den in Peru fast nicht existenten Markt für Staatspapiere.[106] Die CDBCRP haben eine Laufzeit von bis zu einem Jahr, einen nominalen Mindestwert von 100.000 Soles und werden über einen Zinstender nach amerikanischen Zuteilungsverfahren ausgegeben.[107] Bei der Bestimmung der Laufzeiten der CDBCRP verfolgt die Zentralbank das Ziel, einen möglichst großen Ausgleich der saisonalen Fluktuationen der Geldnachfrage zu erreichen. Somit tragen sie auch dazu bei, die Variabilität des operativen Ziels und des Interbankenzinssatzes zu senken.[108] Seit 1997 emittiert die peruanische Notenbank auch CDBCRP mit Rückkaufvereinbarung, was ihr ermöglicht, dem Finanzsystem kurzfristig (ein bis drei Tage) Liquidität zu entziehen bzw. zuzuführen.

2.1.2 Pensionsgeschäfte

Ein neueres Instrument der peruanischen Geldpolitik stellen die Pensionsgeschäfte dar, die hauptsächlich mit CDBCRP durchgeführt werden. Im Rahmen dieser führt die Zentralbank dem Finanzsystem durch den vorübergehenden Ankauf von Wertpapieren kurzfristig Liquidität zu. Der Ankauf dieser Papiere ist dabei an die Bedingung geknüpft, dass diese per Termin zu einem höheren Rücknahmepreis zurück gekauft werden. Unterschreiten die Zentralbankguthaben der Geschäftsbanken den durch das operative

---

[104] Issing (1993), S. 81
[105] Vgl. Ishisaka (1997), S. 53.
[106] Vgl. Choy Chong (1999), S. 192-193.
[107] Zu den Merkmalen der verschiedenen Tender – bzw. Zuteilungsverfahren vgl.
Görgens/Ruckriegel/Seitz (1999), S. 114 -120 und Issing (1993), S. 86-96.
[108] Vgl. BCRP (2001b), S. 11-12.

Ziel gesetzten Zielwert, so wird die BCRP in Höhe dieser Differenz den Ankauf von Wertpapieren öffentlich ankündigen. Die ihr daraufhin zum Ankauf angebotenen Papiere werden nach ihrem jeweiligen Zinssatz, angefangen bei den höchsten Zinssätzen, bis zur angekündigten Menge angekauft. Die Wertpapierpensionsgeschäfte konnten über eine erhöhte Feinsteuerung dazu beitragen, dass die Überschussreserven der Banken sinken. Somit hat ihre Einführung ebenfalls zu einem Verringerung der Volatilität des Interbankenzinssatzes geführt.[109]

2.2 Devisenmarktinterventionen

Da schon in Kapitel IV.1.1 auf die Devisenmarktinterventionen und die mit ihnen verfolgten Ziele eingegangen wurde, werden diese hier nur kurz beschrieben. Im Rahmen eines Managed Floats dienen die Devisenmarktinterventionen, unter Berücksichtigung des monetären Zwischenziels, hauptsächlich dem Ausgleich der temporären Fluktuationen des Wechselkurses, die sich aus Spekulation und saisonalen Schwankungen der Geldnachfrage ergeben.

2.3 Ständige Fazilitäten

Ständige Fazilitäten werden für die kurzfristige Absorption bzw. Injektion von Liquidität eingesetzt. Sie unterscheiden sich von den Offenmarktgeschäften darin, dass bei ihnen die Initiative von den Geschäftsbanken ausgeht und der Zinssatz für die Bereitstellung bzw. die Anlage von der Zentralbank fixiert wird.

2.3.1 Refinanzierungsfazilität

Die Refinanzierungsfazilität soll über kurzfristige, meist Übernacht-Kredite an die Privatbanken, vorübergehende Liquiditätsengpässe ausgleichen. Als refinanzierungsfähige Sicherheiten gelten Wertpapiere, die als Kategorie-I-Sicherheiten klassifiziert sind.[110] Die maximale Laufzeit dieser Kredite beträgt dreißig Tage. Je nach Finanzstärke wird für jedes Kreditinstitut eine maximale Kredithöhe fixiert und die Inanspruchnahme auf maximal neunzig Tage im Jahr beschränkt. Die BCRP achtet bei der Festlegung des Refinanzierungssatzes darauf, dass dieser hoch genug ist, um den Interbankenmarkt nicht zu beeinträchtigen.[111] Somit werden die Kredite im Rahmen der

---

[109] Vgl. BCRP (2001b), S. 13-14 und Choy Chong (1999), S. 192-193.
[110] Vgl. Guevara Ruiz (1999), S. 55. Die Kriterien für diese Kategorie-I-Sicherheiten spezifiziert der Autor aber nicht.
[111] Suárez (1994), S. 17-18.

Refinanzierungsfazilität von den Geschäftsbanken eher in Ausnahmefällen in Anspruch genommen und spielen daher für die Funktion der Zentralbank als „Lender of Last Resort" eine entscheidende Rolle. Der Refinanzierungssatz stellt üblicherweise die Obergrenze für die Geldmarktzinssätze dar. [112]

2.3.2 Einlagenfazilität

Im Falle überschüssiger Liquidität am Ende eines Tages können die Banken diese gegen Verzinsung über Nacht bei der Zentralbank hinterlegen. Diese Möglichkeit besteht sowohl für Liquidität in nationaler als auch in Fremdwährung. Die Liquiditätsabschöpfung über die Einlagefazilität dient hauptsächlich dem Ausgleich kurzfristiger Schwankungen der Zentralbankguthaben. Da die in heimischer Währung gehaltenen Zentralbankguthaben als operatives Ziel fungieren, trägt die Einlagefazilität zu einer verbesserten Signalwirkung der Geldpolitik bei.

2.4 Mindestreservepolitik

Die Hauptziele der Mindestreserve bestehen in der Bindung der Banken an die Notenbank sowie der Grobsteuerung der Liquidität. Über die Mindestreservepolitik kann die Zentralbank die Größe des Geldschöpfungsmultiplikators beeinflussen, so dass bei gegebener Geldbasis das gesamte Geldangebot bestimmt wird.[113] Seit 1991 ist die Bedeutung der Mindestreserve für Einlagen in nationaler Währung zugunsten der marktorientierten Instrumente stark zurückgegangen. Das Reserve-Soll jedes Kreditinstituts ergibt sich aus der Multiplikation der reservepflichtigen Verbindlichkeiten (TOSE)[114] mit dem für alle Einlagenarten einheitlichen Reservesatz.[115] Die gesetzliche Höchstgrenze für den Mindestreservesatz auf Einlagen in heimischer Währung liegt bei 9%.[116] Die Mindestreserve muss als monatlicher Durchschnitt erfüllt werden und wird nicht verzinst. Ihre Nichteinhaltung wird mit einer Strafzahlung geahndet. Für Einlagen in ausländischer Währung gilt ein relativ hoher marginaler Reservesatz, der den Geldschöpfungsmultiplikator für Dollareinlagen im heimischen Bankensystem gering

---

[112] Im Folgenden wird mit dem Geldmarkt der Markt bezeichnet, auf dem die Geschäftsbanken mit den Privaten interagieren. Der Markt auf dem ausschließlich die Transaktionen der Geschäftsbanken untereinander stattfinden, wird dagegen Interbankenmarkt genannt.
[113] Vgl. dazu Formel (2).
[114] TOSE steht für Total de obligaciones sujetas a encaje.
[115] Im Juni 2001 betrug der Reservesatz beispielsweise 6 %.
[116] Vgl. Choy Chong (1999), S. 191.

halten soll.[117] 1993 betrug dieser 45 %, wurde aber 1998 wegen der hohen Kapitalabflüsse während der Finanzkrise vorübergehend gesenkt. Der durchschnittliche Reservesatz, der sich aus dem marginalen Reservesatz ergibt, variiert somit für jede Bank je nach Höhe der reservepflichtigen Einlagen. Für alle Banken belief sich der durchschnittliche Mindestreservesatz für Dollareinlagen im Juli 2001 auf 33,2 %. Die relativ hohen Reservesätze auf Fremdwährungseinlagen tragen außerdem zu einer Erhöhung der internationalen Devisenreserven der Zentralbank bei.[118] Die Überschussreserven in ausländischer Währung werden - im Gegensatz zu den Mindestreserven und den Überschussreserven in nationaler Währung - verzinst.[119]

2.5 Sonstige

Als weitere Instrumente stehen der BCRP noch Devisenswapgeschäfte, die seit Mitte 1997 eingesetzt werden, sowie die Versteigerung von Zentralbankguthaben des Staates zur Verfügung.[120] In der Praxis haben beide Instrumente jedoch kaum Bedeutung. In Peru fehlt einerseits wegen des noch kaum entwickelten Terminmarkts die Grundlage für Devisenswapgeschäfte in größeren Ausmaß. Andererseits setzt die Versteigerung von Zentralbankguthaben des Staates Haushaltsüberschüsse voraus, die seit 1990 nur ein einziges Mal erreicht wurden.

3. Transmissionsmechanismus

Eine Zentralbank kann mit den geldpolitischen Instrumenten das Preisniveau aber nur mittelbar steuern. Für die Durchführung und Ausgestaltung der geldpolitischen Maßnahmen muss sie eine ausreichende Kenntnis des Transmissionsmechanismus besitzen, um somit die Wirkung der geldpolitischen Impulse auf das güterwirtschaftliche Geschehen und das Preisniveau abschätzen zu können. „Dieser geldpolitische Transmissionsmechanismus ist gekennzeichnet durch mehrere getrennte Kanäle mit jeweils langen, variablen und nicht vollständig vorhersehbaren Wirkungsverzögerungen."[121] Weitere Unsicherheiten über den Transmissionsmechanismus ergeben sich aus der ständigen Entwicklung der institutionellen Struktur und der Veränderung des Verhaltens der Wirtschaftssubjekte.

---

[117] Zu der Bedeutung der Reservevorschriften für die Einlagen in Fremdwährung s. Kapitel IV.3.3.
[118] Vgl. Choy Chong (1999), S. 191-192.
[119] Verzinsung nach LIBOR − 1 3/8 %, vgl. Van't Dack (1999), S. 72 sowie Choy Chong (1999), S. 191.
[120] Vgl. BCRP (2001b), S. 14-15.

Daher ist es auch für Peru, das sich seit 1990 in einem radikalen Reformprozess befindet, schwierig, eindeutige Aussagen bezüglich der für die Übertragung geldpolitischer Impulse relevanten Kanäle zu machen.

Seit Mitte der neunziger Jahre gibt es einige Studien zum - in Abbildung 4 dargestellten - Transmissionsmechanismus der peruanischen Geldpolitik, die versuchen, zumindest grundlegende Eigenschaften der unterschiedlichen, geldpolitischen Kanäle zu identifizieren.[122]

Abbildung 4: Transmissionsmechanismus der peruanischen Geldpolitik

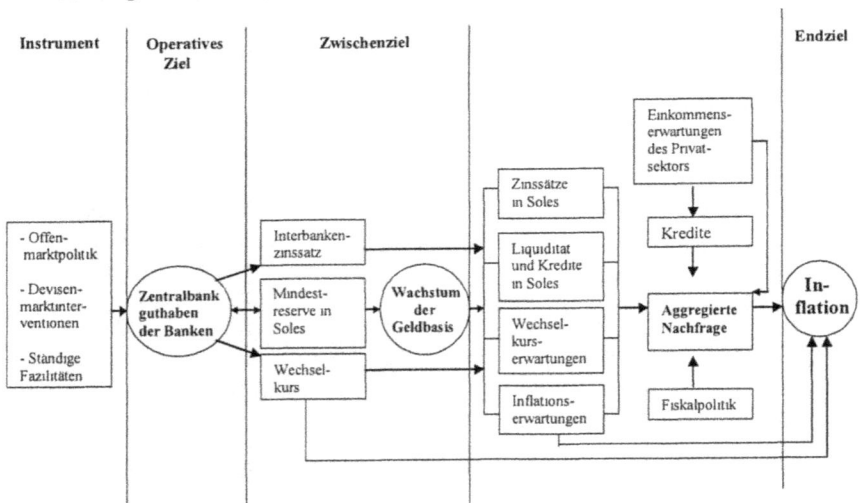

Quelle: Eigene Darstellung nach BCRP (2001b), S. 17

Es besteht heute Einigkeit darüber, dass die einzige in langer Frist von der Geldpolitik zu beeinflussende Variable das Preisniveau ist und somit Auswirkungen auf den Realsektor nur kurzfristiger Natur sein können. Die kurzfristigeren Auswirkungen der Geldpolitik und deren Übertragungswege sind aber nur in Ansätzen erforscht und zum Teil umstritten. Die wichtigsten Forschungsergebnisse dazu werden im Folgenden für jeden Kanal separat

---

[121] Görgens/Ruckriegel/Seitz (1999), S. 141.
[122] So z.B. die Studien von Ishisaka/Quispe (1995), Luque/Perea (1995) und Bringas/Tuesta (1997).

erläutert. Das bedeutet jedoch nicht, dass zwischen den Kanälen keine Verknüpfungen bestehen. Die beschriebenen Mechanismen stellen somit keine vollständige Erklärung für die Entwicklung des Preisniveaus dar, da der Transmissionsprozess einerseits wegen der ihm zugrundeliegenden Komplexität weder theoretisch noch empirisch genau geklärt ist und andererseits Veränderungen im Preisniveau – zumindest auf kurze Sicht – nicht ausschließlich auf geldpolitische Maßnahmen zurückzuführen sind.[123] Im Folgenden wird zwischen dem quantitätstheoretischen Transmissionsweg, dem Zinskanal, dem Kreditkanal, dem Wechselkurskanal und der Transmission über die Erwartungen unterschieden.

3.1 Quantitätstheoretischer Transmissionskanal

Dieser Transmissionsprozess, der auf den Aussagen der Quantitätstheorie basiert, betrachtet den Zusammenhang zwischen Geldmenge und gesamtwirtschaftlicher Nachfrage. Demnach kann die Zentralbank über eine Verringerung der Liquidität des Finanzsystems ein Absinken der gesamtwirtschaftlichen Nachfrage herbeiführen, was gemäß der Quantitätsgleichung ein sinkendes Preisniveau nach sich zieht. Dieser Zusammenhang wurde bei der Identifikation der notenbankfinanzierten Staatausgaben als Ursache der peruanischen Hyperinflation zugrundegelegt. Umgekehrt folgert man daher, dass ein stetiges Absinken des Geldmengenwachstums auch zu sinkenden Inflationsraten führt. Es hat sich jedoch gezeigt, dass „die Evidenz für die Quantitätsgleichung nur noch recht gering ist, wenn man Länder mit relativ niedrigen Inflationsraten betrachtet."[124]

3.2 Zinskanal

Der Zinskanal stellt die Übertragung von Veränderungen des Geldangebots auf die Geldmarktzinsen dar. Dabei wird betrachtet, ob und inwiefern Änderungen des Interbankenzinssatzes auf die Höhe von Zinssätzen der Banken wirken und wie deren Veränderungen realwirtschaftliche Größen beeinflussen. In Peru bestimmt die Veränderung der Geldbasis die Höhe der Zinssätze der CDBCRP. Ein Absinken der Zinssätze der CDBCRP überträgt sich auf den Interbankenzinssatz, der die Liquiditätssituation der Banken widerspiegelt und führt dann zu einem Absinken der unterschiedlichen Geldmarktzinssätze für die nationale Währung. Auch wenn die

---

[123] Vgl. Görgens/Ruckriegel/Seitz (1999), S. 142.
[124] Bofinger/Reischle/Schächter (1996), S. 552-552.

Existenz des Zinskanals unstrittig ist, bleiben die Kenntnisse über die Übertragungswege relativ lückenhaft. Daher beschränken sich die Aussagen zum Wirkungsmechanismus auf eher allgemeine Zusammenhänge, wie z.b. dass auf Änderungen des Interbankenzinssatzes die kurzfristigen Zinssätze vor den langfristigen Zinssätzen reagieren und, dass ein durchschnittliches Absinken der Geldmarktzinssätze die Investitionen ankurbelt und somit zu einem Wachstum des Bruttoinlandsprodukts beiträgt.

3.3 Kreditkanal

Der Kreditkanal bezieht sich auf die Rolle der Kreditinstitute im Transmissionsprozess, die besonders für ein eher bankenorientiertes und unterentwickeltes Finanzsystem wie das peruanische von Bedeutung ist. „Ausgangspunkt bildet die Beobachtung, dass im Gefolge restriktiver Geldpolitik die realen Wirkungen (z.B. Rückgang der Investitionen) häufig stärker ausfallen, als aufgrund einer nur mäßigen Veränderung der Notenbank- und Marktzinsen zu erwarten wäre."[125] Die Folge restriktiver Geldpolitik kann somit eine informationsbedingte Beschränkung des Kreditangebots sein, die sich entweder in Kreditrationierung oder Kreditselektion zu Lasten bestimmter Kreditnehmer äußert. Teilkonzepte des Kreditkanals sind der Bankenkanal (Banking Lending Channel) und der Bilanzkanal (Balance Sheet Channel).[126] Ersterer geht davon aus, dass für die Mehrzahl der Wirtschaftssubjekte keine Alternative zu den Banken als Kreditgeber offen steht. Bei einer restriktiven Geldpolitik geht demnach aufgrund der niedrigeren Liquidität das Kreditangebot der Banken zurück, was wegen fehlender alternativer Kreditgeber, vor allem bei kleinen Firmen und privaten Haushalten, zu sinkenden Konsum- und Investitionsausgaben und somit zu einem Absinken in der Produktion führt. Der Bilanzkanal dagegen betrachtet die Auswirkungen der durch die restriktive Geldpolitik herbeigeführten Zinserhöhung auf Unternehmenswert und Kreditsicherheiten, welche ebenfalls zu einer Kreditrationierung bzw. Erhöhung der Zinssätze für Bankkredite führen können. Bisherige Forschungsergebnisse scheinen darauf hinzuweisen[127], dass die Geldpolitik in Peru das gesamte Kreditangebot nicht kontrollieren und somit nur

---

[125] Görgens/Ruckriegel/Seitz (1999), S. 157-158.
[126] Vgl. ebenda, S. 158-164.
[127] Z.B. Bringas/Tuesta (1997), S. 48-49, Dancourt (1999), S. 58-63, Parodi Trece (2001), S. 296-298.

eingeschränkt über den Kreditkanal wirken kann.[128] Es ist auch zu beachten, dass die Effektivität des Kreditkanals mit dem Niveau der Kapitalmobilität und der Finanzintermediation sowie der Entwicklung des Kapitalmarktes variieren kann.

3.4 Wechselkurskanal

Der Wechselkurskanal umfasst die wechselkursbedingten Reaktionen geldpolitisch ausgelöster Zinsänderungen.[129] Eine restriktive Geldpolitik kann bei einem floatenden Wechselkurs über einen Anstieg des Zinsniveaus der heimischen Aktiva und die dadurch ausgelöste Nachfragesteigerung nach der heimischen Währung, eine nominale - und zumindest temporär - auch eine reale Aufwertung des Wechselkurses nach sich ziehen. Weiterhin ist zu beachten, dass in einem Bankensystem, in dem wie in Peru faktisch zwei Währungen nebeneinander existieren, das Wechseln einer Währung in die andere relativ einfach ist. Daher können Zinsänderungen verstärkt dazu führen, dass die Wirtschaftsubjekte ihre Einlagen zwischen den Währungen umschichten und dadurch Wechselkursveränderungen auslösen, die sich wiederum auf die Inflationsrate übertragen. Die Verbindung von Wechselkurs und Inflationsrate wird auch als „pass-through" bezeichnet. Abwertungen können somit zu zunehmenden, Aufwertungen umgekehrt zu sinkenden Inflationsraten führen. Andererseits haben Änderungen des Wechselkurses auch Effekte auf die aggregierte Nachfrage. Erstens verändern sie die relativen Preise von heimischen und importierten Gütern, und zweitens die Position der Dollarschuldner.[130] Es wird vermutet, dass die Effektivität des Wechselkurskanals wegen der Dollarisierung der Finanzintermediation in Peru geschwächt ist.[131]

3.5 Die Rolle der Erwartungen

Ein weiterer Transmissionsweg geldpolitischer Impulse läuft über die Erwartungshaltung der Wirtschaftssubjekte bezüglich Inflation, Wechselkurs und Einkommensentwicklung. Eine besonders wichtige Rolle spielen in einem Land mit langer Inflationsgeschichte die Inflationserwartungen. Obwohl dieser Kanal bisher zu denen am wenigsten erforschten gehört, macht Abbildung 5 deutlich, dass die Inflationserwartungen in einem Land wie

---

[128] Die Begründung dafür wird ausführlich in Kapitel V.2 diskutiert.
[129] Vgl. Görgens/Ruckriegel/Seitz (1999), S. 152.
[130] Diese ergibt sich aus der Situation, dass das Einkommen der meisten Schuldner, die Kredite in Dollars aufnehmen, aus Soles besteht. Vgl. Kamin/Turner/Van 't Dack (1998), S. 12.
[131] Vgl. dazu die ausführliche Darstellung in Kapitel V.2. dieser Arbeit.

Peru für die Übertragung der Geldpolitik eine nicht zu unterschätzende Rolle spielen. In Ländern mit langer Inflationsgeschichte hat es die Zentralbank relativ schwer, die Inflationserwartungen der Wirtschaftssubjekte abzusenken. „Die Notenbank muß also in diesem Fall verstärkt mit Maßnahmen operieren, die die Privaten dazu bringen, anstelle einer extrapolativen Erwartung (die weiterhin hohe Inflationserwartungen implizieren würde) zu einer rationalen Erwartungsbildung (die die angestrebte Kursänderung der Geldpolitik berücksichtigt) überzugehen."[132] Hierzu gehören insbesondere Maßnahmen, die zur Transparenz und Glaubwürdigkeit der Geldpolitik beitragen.[133] Vor diesem Hintergrund wird die Bedeutung der ausführlich dargestellten Zentralbankreform sowie der Maßnahmen zur transparenteren Gestaltung der Geldpolitik deutlich.

Die Erwartungen bezüglich der Wechselkursentwicklung beeinflussen, in welcher Währung die Wirtschaftssubjekte ihr Geld halten bzw. Kredite aufnehmen. Letzteres wirkt wiederum auf den Wechselkurs zurück. Ähnliches gilt auch für die Inflationserwartungen. Ist wie in Peru das Halten von Dollareinlagen im Bankensystem neben der nationalen Währung erlaubt, so beeinflussen die Wechselkurs- und Inflationserwartungen die Aufteilung der Bankguthaben zwischen den beiden im Finanzsystem existierenden Währungen. Dies veranschaulicht die enge Verknüpfung der unterschiedlichen Transmissionskanäle.

Im Bezug auf die Übertragung der geldpolitischen Impulse ist aber nicht nur die Ausgestaltung der Geldpolitik selbst, sondern sind auch die strukturellen Eigenschaften des Umfeldes, in dem sie wirkt, zu beachten. Daher ist eine genauere Betrachtung der partiellen Dollarisierung und ihrer Auswirkungen auf den Transmissionsmechanismus unerlässlich.

V.   GELDPOLITIK IN EINER PARTIELL DOLLARISIERTEN WIRTSCHAFT

1. Dollarisierung der Finanzintermediation

Will man die seit Beginn der neunziger Jahre durchgeführte Geldpolitik Perus analysieren, kommt man nicht daran vorbei, die partielle Dollarisierung der peruanischen

---

[132] Bofinger/Reischle/Schächter (1996), S. 578.
[133] Zur Glaubwürdigkeit der peruanischen Geldpolitik s. Kapitel VI.3.

Wirtschaft zu berücksichtigen.[134] Vor einer genaueren Betrachtung ihrer Wirkungen werden zuerst die Art, das Ausmaß und die Entstehungsgeschichte dieser Dollarisierung erläutert.

Eine typische Reaktion der Wirtschaftssubjekte auf eine Inflation ist die Flucht aus dem inflationären Geld. Diese besteht in dem Versuch, den realen Wert des gehaltenen Geldes durch ein Ausweichen auf alternative Anlageformen zu sichern. Eine stabile Fremdwährung stellt eine solche alternative Anlageform dar. 1977 ließ man in Peru das erste Mal das Halten von Einlagen in Dollars zu, um einer Kapitalflucht aufgrund steigender Inflationsraten entgegen zu wirken. Schon seit 1982 betrug der Anteil der in Fremdwährung denominierten Bankeinlagen an dem Gesamteinlagen der peruanischen Geschäftsbanken über 50 %. Erst mit der Konfiszierung der Fremdwährungseinlagen durch die Regierung Garcia im Jahre 1985 sank dieser Anteil stark ab. Das bedeutete aber nicht, dass die Peruaner ihr Geld nun in heimischer Währung angelegt hätten. Neben einer höheren Bargeldhaltung in Dollars verlagerten sie ihre Dollareinlagen ins Ausland. Nach dem Ausbruch der Hyperinflation Ende der achtziger Jahre übernahm der Dollar sämtliche Geldfunktionen des damaligen Inti bis hin zur Tauschmittelfunktion, so dass in dieser Periode eine fast vollständige Währungssubstitution stattfand. Das Verbot von Dollareinlagen führte somit zu einer Kapitalflucht und einem stark sinkenden Monetisierungskoeffizienten für die nationale Währung.[135] Um dieser Entwicklung entgegenzuwirken, wurde 1987 das Halten von Dollareinlagen bei den Geschäftsbanken wieder legalisiert. Dies führte dazu, dass vor allem nach 1990 der Anteil der Geschäftsbankenliquidität in Fremdwährung wieder stark angestiegen ist. Der bis Mitte 1993 wachsende Anteil der Dollareinlagen an der Geldmenge M3 zeigt, dass trotz eines steigenden Vertrauens in das heimische Finanzsystem eine Präferenz für die Fremdwährung existierte.[136] Da aber durch die Legalisierung der Dollardepositen die

---

[134] Miguel/Savastano (1996) weisen darauf hin, dass der Begriff Dollarisierung häufig fälschlich als Synomym zur Währungssubstitution gebraucht wird. Nach Calvo/Vegh (1992), S. 4 umfasst der Begriff Dollarisierung die teilweise oder vollständige Übernahme von Geldfunktionen durch den Dollar. Dabei wird im Falle einer Inflation zuerst die Wertaufbewahrungsfunktion, dann die Funktion als Recheneinheit und zuletzt die Tauschmittelfunktion ersetzt. Währungssubstitution ist der Sonderfall der Dollarisierung, in dem die Fremdwährung auch die Tauschmittelfunktion übernommen hat.
[135] Vgl. de la Rocha (1998), S. 188-190. Der Monetisierungskoeffizient ist der Quotient aus Liquidität und BIP, somit die Inverse der Geldumlaufgeschwindigkeit (s. Anhang Tab A-4)
[136] Quispe Misaico (2000), S. 15-17 und Klein (1997), S. 47 zeigen dies für die ersten Jahre nach der Währungsreform anhand des Anstiegs des auf Savastano zurückgehenden Indikators DDI/M3 (DDI= Dollareinlagen im Inland, M3= Bargeld + Sicht-, Spar- und Termineinlagen in Soles und Dollars).

vorher in bar gehaltenen Dollars in Bankeinlagen umgewandelt und damit auch statistisch erfasst werden konnten, muss der Anstieg des Indikators Bankeinlagen in Relation zur Geldmenge M3 nicht unbedingt einen höheren Dollarisierungsgrad der Wirtschaft an sich bedeuten. Neben der Einzahlung bis dahin nicht statistisch erfasster, kursierender Dollarnoten lässt sich ein großer Teil der ansteigenden Dollarisierung des Bankensystems in der ersten Hälfte der neunziger Jahre durch die Rückkehr von Fluchtkapital erklären, also eher einer örtlichen Verlagerung der von Peruanern gehaltenen Dollareinlagen.[137] Somit hat sich der allgemeine Dollarisierungsgrad der peruanischen Wirtschaft – gemessen am Anteil der gesamten im In- und Ausland in Fremdwährung gehaltenen Einlagen an der Geldmenge M3 zuzüglich im Ausland gehaltener Einlagen[138] - in der ersten Hälfte der neunziger Jahre nur mäßig verändert. Eine vor allem seit der Wiedereingliederung in das internationale Finanzsystem zu nennende weitere Quelle des Anstiegs der Geschäftsbankenliquidität in Fremdwährung ist die Aufnahme kurzfristiger Kredite im Ausland. Der Großteil der dem peruanischen Bankensystem aus den unterschiedlichen Quellen zugeflossenen Dollars ist aber nie in Soles umgetauscht worden, sondern als Liquidität in Fremdwährung im peruanischen Bankensystem verblieben.

Abbildung 5 verdeutlicht, dass der Dollarisierungsgrad der peruanischen Geschäftsbanken – gemessen am Anteil der Einlagen bei den Geschäftsbanken in Fremdwährung an den Gesamteinlagen – bis 1993 stark angestiegen ist und sich seitdem zwischen 70 % und 75% eingependelt hat. Etwa drei Viertel der Bankeinlagen sind somit auch noch zehn Jahre nach der Währungsreform und trotz des Absinkens der Inflationsraten in US-Dollar denominiert. Somit übernimmt der US-Dollar in Peru gegenwärtig weiterhin die Wertaufbewahrungsfunktion[139], während der Sol für die täglichen Transaktionen als

---

[137] Klein (1997), S. 47 weist für den Zeitraum Dezember 1990- Juni 1994 einen Anstieg der im inländischen Bankensystem im Verhältnis zu den im Inland und im Ausland gehaltenen Dollareinlagen (DDI/DDI+DDA) nach (DDA= Dollareinlagen im Ausland). Zum Rückkehrkapital vgl. auch Iguíñiz (1998), S. 30 und Rodriguez (1996) und Quispe Misaico (2000), S. 16-17. Die Entwicklung nach 1994 wird in Kapitel VI.3.2 beschrieben.

[138] (DDI+DDA)/(M3+DDA)

[139] Daher bezeichnen einige Ökonomen die Dollarisierung in Peru als "asset substitution", vgl. dazu z.B. Ize/Levy-Yeyati (1998), S. 5 und Berg/Borensztein (2000), S. 8.. Duncan (2000), S. 57-58 differenziert dies aus, indem er nur die Dollarisierung der Spar- und Termineinlagen im peruanischen Bankensystem als „asset substitution" bezeichnet. Für ihn stellt der Dollarisierungsgrad von Sichteinlagen eher einen Indikator für die Übernahme der Tauschmittelfunktion (Währungssubstitution) durch den US-Dollar dar. Im Folgenden soll aber unter asset substitution die Dollarisierung aller Einlagenarten verstanden werden.

Tauschmittel und Recheneinheit fungiert. Eine Einschränkung erfährt diese Aussage nur insoweit, als der Dollar für größere Transaktionen, die besonders langlebige und hochwertige Güter umfassen, teilweise die Tauschmittelfunktion erfüllt.

Daher zeigt sich in Peru, ähnlich wie in anderen lateinamerikanischen Ländern, im Bezug auf die Dollarisierung das Phänomen der Hysterese. Dieses besteht darin, dass die aufgrund wachsender Inflationsraten angestiegene Dollarisierung nach dem Rückgang der Inflation nicht wieder absinkt.[140]

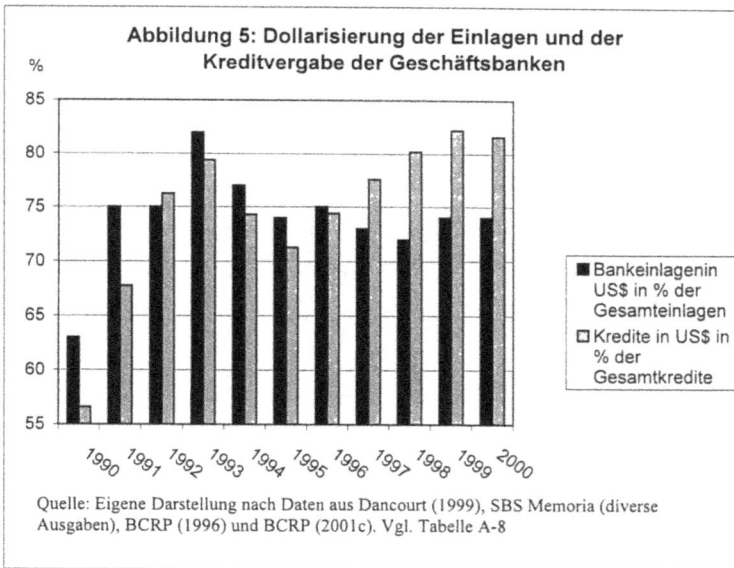

```
                    Abbildung 5: Dollarisierung der Einlagen und der
        %                  Kreditvergabe der Geschäftsbanken
       85
       80
       75
       70                                              ■ Bankeinlagen in
                                                         US$ in % der
       65                                                Gesamteinlagen
                                                       □ Kredite in US$ in
       60                                                % der
                                                         Gesamtkredite
       55
           '1990 '1991 '1992 '1993 '1994 '1995 '1996 '1997 '1998 '1999 '2000
```

Quelle: Eigene Darstellung nach Daten aus Dancourt (1999), SBS Memoria (diverse Ausgaben), BCRP (1996) und BCRP (2001c). Vgl. Tabelle A-8

Die Zunahme der in Fremdwährung gehaltenen Bankeinlagen und der auf sie erhobene relativ hohe Reservesatz ermöglichten es der BCRP, ihre internationalen Währungsreserven auf ein beachtliches Niveau auszuweiten. Andererseits stellen sie auch die Basis für die verstärkte Dollarkreditvergabe der Geschäftsbanken dar. Das starke Wachstum der Bankeinlagen in Fremdwährung löste somit seit Beginn der neunziger Jahre einen wahrhaftigen Kreditboom aus.[141] Das nominale Kreditvolumen an den Privatsektor in US-Dollar hat sich seit 1990 um das 24fache erhöht. Zwischen 1991 und

---

[140] Vgl. Roy (2000), S. 27.

1996 lagen die jährlichen Wachstumsraten der Dollarkredite zwischen 32 % und 61 %. Während 1990 noch 56,5 % aller Kredite in Dollars vergeben wurden, ist dies seit 1998 für über 80 % der Kredite der Fall. Diese Entwicklung hat zu einem rasanten Wachstum des Gesamtkreditvolumens beigetragen, das in keinem Verhältnis zum Wachstum des Bruttoinlandsproduktes und der Einkommen in diesem Zeitraum steht. Das Anwachsen der Kredite in US-Dollar, das sich zu Beginn der neunziger Jahre zu einem großen Teil aus dem Rückkehrkapital nährte, wird jedoch - wie schon erwähnt - besonders seit Mitte der neunziger Jahre vermehrt durch Kreditaufnahme der Geschäftsbanken im Ausland finanziert.[142] Diese Entwicklung hat zum Ergebnis, dass sowohl der Privatsektor als auch die peruanischen Geschäftsbanken in steigendem Maße in Dollar verschuldet sind. Aufgrund der Rolle der US-amerikanischen Währung für die Bankeinlagen und die Kreditvergabe kann man daher in Peru auch von einer Dollarisierung der Finanzintermedation sprechen.

2. Auswirkungen auf den Handlungsspielraum der Geldpolitik

Vor dem Hintergrund der Dollarisierung der Finanzintermediation stellt sich die Frage, welche Wirkungen die beschriebenen Entwicklungen auf den Transmissionsmechanismus der Geldpolitik besitzen. Den Banken stehen nach der Kapitalmarktliberalisierung und der Integration in das internationale Finanzsystem vermehrt Kredite aus dem Ausland zur Verfügung, über die sie das Absinken der Liquidität in heimischer Währung ausgleichen können. Das bedeutet, dass sich für sie die Möglichkeit eröffnet, eine restriktive heimische Geldpolitik, die nur auf die Geldmenge in heimischer Währung wirkt, teilweise zu umgehen. Stehen den Geschäftsbanken reichlich externe Kreditlinien in Fremdwährung zur Verfügung, so kann die Geldpolitik die in Dollar vergebenen Kredite nicht beschränken. Dazu kommt noch, dass die Kreditvergabe auf Basis der in Fremdwährung im Bankensystem befindlichen Liquidität einen zum Geldschöpfungsprozess in Soles parallelen Geldschöpfungsprozess in Dollars auslöst.[143]

---

[142] Vgl. Sancho (1999), S. 20 sowie Dancourt/Mendoza (1998), S. 63-64.
[143] Rodriguez (1992), S. 1 nennt die so entstandene Liquidität in Dollars „perudollars", um sie von den nicht durch den Geldschöpfungsprozess im peruanischen Bankensystem entstandenen Dollars zu unterscheiden. Der Geldschöpfungsprozess findet bei jedem Mindestreservesatz unter 100% statt, weshalb die Reservesätze auf Dollareinlagen trotz ihrer relativen Höhe diesen nur bremsen, nicht aber verhindern können.

Für die Zentralbank ist es daher nur möglich, einen Einfluss auf die Geldmenge in nationaler Währung auszuüben und über sie indirekt die Kreditmenge in nationaler Währung zu bestimmen.[144] Das gesamte Geldangebot in Peru ergibt sich jedoch aus dem Geldangebot beider Währungen. Da aber nur ein Viertel der Liquidität des Bankensystems auf die heimische Währung lauten und der Geldangebotsprozess in Dollar nicht von der BCRP kontrollierbar ist, ohne eine Einschränkung der Kapitalmobilität in Kauf zu nehmen, ist die Transmission der Geldpolitik über den Kreditkanal stark eingeschränkt. Die Eigendynamik des Geldschöpfungsprozesses in Dollar ist auch durch ein Anheben des Reservesatzes auf Dollareinlagen nicht vollständig kontrollierbar, da der Teil der Dollars, der über die kurzfristige Verschuldung der Geschäftsbanken im Ausland nach Peru gelangt, keiner Reservepflicht unterliegt.[145]

Diese Kreditlinien machten es möglich, dass sich trotz sinkender Geldmenge in Soles seit 1990 die Nachfrage des Privatsektors ausweiten konnte. Das Leistungsbilanzdefizit vergrößerte sich jedoch, weil der Anstieg der gesamtwirtschaftlichen Nachfrage über das Wachstum der Produktion hinausging und deshalb über steigende Importe gedeckt werden musste. Bis Mitte der neunziger Jahre finanzierten die relativ großen Kapitalzuflüsse das steigende Außenhandelsdefizit, das man seit 1995 über eine restriktivere Geld- und Fiskalpolitik zu verkleinern versuchte. Aus der Tequila-Krise in Mexiko hatte man gelernt, welche Gefahren sich aus der Finanzierung von Zahlungsbilanzdefiziten durch kurzfristige Kapitalzuflüsse ergeben können. Diese restriktive Politik brachte eine weitere Verringerung der Geldmenge in Soles, steigende Zinssätze und einen starken Rückgang des wirtschaftlichen Wachstums mit sich. Auch wenn das Wachstum der Importe und mit diesem das Handelsbilanzdefizit gesenkt werden konnten, war diese Politik mit erheblichen realen Kosten verbunden.

Diverse externe Schocks seit 1997 machten die auf der hohen Dollarisierung der Finanzintermediation beruhende Verwundbarkeit der peruanischen Wirtschaft deutlich.[146] Die bis dahin reichlich vorhandenen Kapitalzuflüsse ebbten stark ab bzw. verwandelten sich in starke Kapitalabflüsse. Besonders während der Russland-Krise 1998 schlossen

---

[144] Folgendes nach Dancourt (1999), S. 62 und Iguíñiz (1998), S. 32.
[145] Vgl. Dancourt/Mendoza (1998), S. 39.
[146] Zu den externen Schocks zählen die internationalen Finanzkrisen Ende der neunziger Jahre sowie die Folgen des Klimaphänomens El Niño 1997/98.

sich die bis dahin für die Geschäftsbanken im Ausland bestehenden Kreditlinien zur Finanzierung der im Inland vergebenen Dollarkredite, was zu radikalen Einschnitten der Kreditverfügbarkeit in Peru führte.[147] Neben einer durch die Kapitalabflüsse herbeigeführten Abwertung des Sol kam es aufgrund des Liquiditätsmangels zu stark ansteigenden Zinsen und einer deutlich rezessiven Wirtschaftsentwicklung. Um dem Liquiditätsmangel zumindest teilweise entgegenzuwirken, senkte die BCRP den Reservesatz auf die Fremdwährung.[148] Weiterhin reagierte die BCRP mit Dollarverkäufen auf dem Devisenmarkt, um eine zu starke Abwertung zu vermeiden. Dies führte sowohl zu einem Abbau der Währungsreserven als auch zu einer geringeren Verfügbarkeit von Soles, so dass das Zinsniveau noch zusätzlich anstieg. Wegen der Dramatik der Lage musste die BCRP ihre Funktion als Lender of Last Resort erfüllen und kurzfristige Kredite an die Geschäftsbanken vergeben, damit diese ihren Verpflichtungen weiterhin nachkommen konnten. Die mit dem Ende der neunziger Jahre beginnende rezessive Phase ist daher zu einem großen Teil auf die beschriebene Liquiditätskrise zurückzuführen.

Eine weitere Wirkung der Dollarisierung bezieht sich auf die Transmission der Geldpolitik über den Wechselkurskanal und besteht in den immensen Kosten, die eine Abwertung der heimischen Währung mit sich bringt. Eine reale Abwertung ist mit dem Anstieg des durchschnittlichen realen Zinssatzes für Dollarkredite gleichzusetzen. Aufgrund der großen Bedeutung von Dollarkrediten erhöht sich durch eine solche Verteuerung des Dollarpreises die reale Schuldenlast der Dollarschuldner, da diese ihr Einkommen in der heimischen Währung beziehen, und hinterlässt deutliche Spuren in den Unternehmensbilanzen, im Staatshaushalt und bei den privaten Haushalten.[149] Um seine Schuldenzahlungen weiterhin leisten zu können, muss der Privatsektor seine Nachfrage senken. In einem Entwicklungsland wie Peru ist es aber wahrscheinlich, dass für eine nicht unbedeutende Anzahl der Schuldner eine solche Senkung der Ausgaben nicht möglich ist, was zu zunehmenden Kreditausfällen und damit zu einer Verschlechterung der Situation der Banken führt. Eine starke Abwertung kann daher eine Bankenkrise nach sich ziehen, mit verheerenden Folgen für die Wirtschaft Perus. Es ist nicht verwunderlich, dass es zur Bildung von Interessengruppen gegen eine solche Abwertung kommt, zu

---

[147] Vgl. Parodi Trece (2001), S. 333.
[148] Vgl. Velarde/Rodriguez (2001), S. 52.
[149] Vgl. Kamin/Turner/Van't dack (1998), S. 10

denen sowohl die Banken als auch die in Dollar verschuldete Privatwirtschaft gehören.[150] Die in der Literatur angeführten, typischen Gründe für ein „Fear of Floatin" sind also auch für den peruanischen Fall auszumachen. Auch wenn das Wechselkursregime in Peru offiziell in einem „Managed Float" besteht, befindet sich dieses nach Meinung einiger Ökonomen, zumindest phasenweise an der Grenze zu einen Soft Peg.[151]

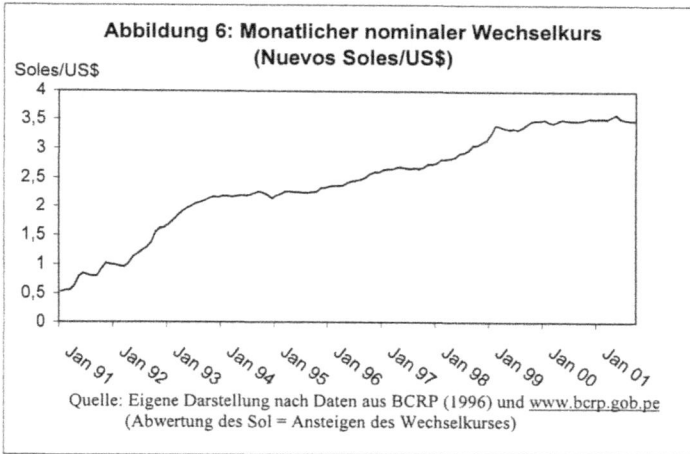

Abbildung 6: Monatlicher nominaler Wechselkurs (Nuevos Soles/US$)

Quelle: Eigene Darstellung nach Daten aus BCRP (1996) und www.bcrp.gob.pe
(Abwertung des Sol = Ansteigen des Wechselkurses)

Rund um diese Behauptung entwickelte sich in den neunziger Jahren eine lebhafte wissenschaftliche Diskussion. Diejenigen, die der BCRP ein „Fear of Floating" vorwerfen, begründen dies hauptsächlich mit der vergleichsweise geringen Volatilität des in Abbildung 6 dargestellten nominalen Wechselkurses[152] sowie der unter den Inflationsraten liegenden Abwertungsraten des Sol. Die BCRP sah sich daher der Kritik ausgesetzt, über ihre Devisenmarktinterventionen zu einer Überbewertung der heimischen Währung beizutragen.[153] Es ist jedoch zu berücksichtigen, dass unter anderem aber auch die Anfang der neunziger Jahre starken Kapitalzuflüsse einen Aufwertungsdruck auf die

---

[150] Vgl. Dancourt (1999), S. 62-63 sowie Iguíñiz (1998), S. 32.

[151] Vgl. z.B. Calvo/Reinhart (2000a), Calvo/Reinhart (2000b) und Dancourt (1999).

[152] Dancourt (1999), S.60 benutzt als Indikator die relative Volatilität (= Standardabweichung der monatlichen Abwertung/Standardabweichung des monatlichen Wachstums der Geldbasis). Calvo (2000b) untersucht die Volatilität des Wechselkurses, der Zinssätze, Geldbasis und Währungsreserven. Er misst die Wahrscheinlichkeit, dass der monatliche Wechselkurs (bzw. jeweilige Variable) weniger als 1 Prozent (2,5 Prozent) nach oben oder unten abweicht.

[153] Definiert als Abweichung (nach unten) vom gleichgewichtigen realen Wechselkurs. Zu den methodischen Probleme bei der Messung 1) des realen Wechselkurses vgl. Feldsieper (1983) bzw. 2) der Überbewertung vgl. Roy (2000), S. 37. Beispiel für die Berechnung des gleichgewichtigen realen Wechselkurses für Peru sind Moguillansky (1996) und Arena/Tuesta (1998).

heimische Währung ausübten. Die Überbewertungsdiskussion ist seit Ende der neunziger Jahre im Kontext abebbender Kapitalzuflüsse etwas in den Hintergrund getreten, weil nunmehr die Abwertungsraten über den Inflationsraten lagen. Die erwähnte wissenschaftliche Diskussion um den Wechselkurs und die Klassifizierung des peruanischen Wechselkursregimes, die wohl eine Definitionsfrage darstellt, sollen hier nicht weiter behandelt werden. Die daraus zu gewinnenden Erkenntnisse lassen aber den Schluss zu, dass aufgrund der eingeschränkten Abwertungsmöglichkeiten die Transmission über den Wechselkurskanal eher schwach ausgeprägt ist.

Auch der Transmissionsweg über die Erwartungen wird durch die Dollarisierung des peruanischen Bankensystems beeinflusst. Es wurde in den Ausführungen in Kapitel III.3.5 schon erwähnt, dass veränderte Erwartungen der Privaten bezüglich der Inflations- und Wechselkursentwicklung zu Umschichtungen der Portfolios zwischen den beiden im Finanzsystem existierenden Währungen führen können. Ein solcher Umschichtungsprozess kann eine gewisse Eigendynamik entwickeln und somit stärkere Effekte auslösen, als dies die Fundamentaldaten rechtfertigen. Die Transmission über die Erwartungen ist meistens mit den anderen Übertragungskanälen eng verknüpft und von diesen schwer zu trennen. Sie ist alleine schon deshalb äußerst komplex, weil sowohl die Zentralbank die Erwartungen als auch die Erwartungen wiederum die Geldpolitik beeinflussen. Eine erhöhte Transparenz und Glaubwürdigkeit leisten daher einen unerlässlichen Beitrag zur Effektivität der Geldpolitik. Sie sind der Schlüssel zu einem größeren Vertrauen in die heimische Währung und damit auch der Entdollarisierung des Bankensystems.

Die Dollarisierung der Finanzintermediation hat gemäß BCRP aber weder Auswirkungen auf den monetären noch auf den Zinskanal.[154] Wegen der vorliegenden „asset substitution", bei der die Tauschmittelfunktion der nationalen Währung überlassen bleibt, kann die Geldhaltung in Soles weiterhin als Indikator für die laufenden Transaktionen der Wirtschaftssubjekte fungieren. Das erlaubt der Geldpolitik demnach trotz des hohen Dollarisierungsgrades über die mit den laufenden Transaktionen verbundenen Geldmengenaggregaten die Preisentwicklung zu beeinflussen. Man muss aber beachten, dass der von der Zentralbank dargestellte Zusammenhang nicht berücksichtigt, dass die

---

[154] Vgl. Quispe Misaico (2000), S. 18-22

größeren Transaktionen auf dem Teilmarkt langlebiger und hochwertiger Güter teilweise in Fremdwährung getätigt werden. Dies lässt vermuten, dass die Effektivität der Geldpolitik auch hier zumindest teilweise behindert wird.

Auch wenn gewährleistet bleibt, dass die Geldpolitik trotz der Dollarisierung der Finanzintermediation auf die Inflationsrate einwirken kann, kann man wohl feststellen, dass ihr Handlungsspielraum stark eingeschränkt ist.

3. Vollständige Dollarisierung als Konsequenz?

Aufgrund des hohen Dollarisierungsgrads der Finanzintermediation und dem sich aus ihm ergebenden beschränkten Handlungsspielraum der Geldpolitik, haben sich besonders seit Ende der neunziger Jahre vermehrt Stimmen für eine vollständige Dollarisierung Perus – also einer offiziellen Übernahme des US-Dollars als Währung - zu Wort gemeldet. Eines der von den Dollarisierungsvertretern genannten Argumente ist, dass ein Land wie Peru wegen des schon existierenden Dollarisierungsgrads einfacher zu einer vollständigen Dollarisierung übergehen, deren Vorteile ausnutzen könne und dabei im Bezug auf die Flexibilität des Wechselkurses eigentlich keinen großen Verlust erleide, weil der Wechselkurs auch schon unter den jetzigen Bedingungen als Instrument nur beschränkt einsetzbar sei. Um beurteilen zu können, inwiefern eine vollständige Dollarisierung eine für Peru sinnvolle Option darstellt, muss zuerst geklärt werden, welche Folgen positiver und negativer Art sich aus der Übernahme des Dollars ergeben.

Das Wegfallen des bestehenden Wechselkursrisikos[155], welches eine der Ursachen der hohen Zinssätze in Peru darstellt, würde sich positiv auf das Zinsniveau und das Länderrisiko[156] auswirken und damit positive Wirkungen auf Investitionen und Wirtschaftswachstum ausüben. Die über die offizielle Dollarisierung geschaffene Glaubwürdigkeit ist besonders für solche Länder von Vorteil, die sich aufgrund einer Finanzierung von Fiskaldefiziten durch die Zentralbank hohen Inflationsraten ausgesetzt sehen. Weiterhin führte die gewonnene Glaubwürdigkeit über einen raschen Disinflationsprozess hin zu Inflationsraten auf dem Niveau der USA. Für Länder, die keine Inflationstendenzen und Glaubwürdigkeitsprobleme in ihrer Geld- und

---

[155] Bezogen auf den US-Dollar.
[156] Berg/Borensztein (2000b) weisen darauf hin, dass eine vollständige Dollarisierung zwar das Abwertungsrisiko, nicht aber das sich aus der Auslandsverschuldung ergebene Länderrisiko (sovereign risk) eliminiert.

Wirtschaftspolitik aufweisen, sind diese Wirkungen der vollständigen Dollarisierung jedoch irrelevant.[157] Einmal offiziell dollarisiert, hängt das Geldangebot einer Wirtschaft jedoch nicht mehr von der nationalen Geldpolitik ab, sondern wird durch die Devisenströme der Zahlungsbilanz bestimmt. Für eine Wirtschaft, die durch volatile Kapitalströme und stark schwankende Exporterlöse charakterisiert ist, bringt eine vollständige Dollarisierung somit verstärkt Fluktuationen des Geldangebots und der Zinssätze mit sich. Dem Argument des Verlustes einer autonomen Geldpolitik durch die vollständige Dollarisierung wird entgegen gehalten, dass die Zentralbank über Mindestreservesätze und Refinanzierungspolitik[158] weiterhin einen Einfluss auf die Liquidität ausüben kann. Da sie jedoch die Währung nicht selbst emittiert, verliert sie die wichtige Funktion als Lender of Last Resort, welche auch durch kompensierende Maßnahmen nicht zu ersetzten ist. „Das Fehlen einer handlungsfähigen Zentralbank, die Geld auf kurze Zeit per Kredit entstehen lässt, verändert daher die Struktur des gesamtwirtschaftlichen Finanzierungsprozesses in einer Weise, die in kreditären Instabilitäten mündet."[159] Wegen der fehlenden Möglichkeit der Wechselkursanpassung entfällt im Falle externer Schocks außerdem die Abfederung über den Wechselkurs. Diese werden somit direkt auf den Realsektor übertragen. Der hohe Dollarisierungsgrad in Peru hat zwar bisher die Flexibilität des Wechselkurses eingeschränkt, sie aber nicht völlig abgeschafft. Außerdem könnte ein Entdollarisierungsprozess diese Einschränkungen in Zukunft wieder aufheben. Kann der nominale Wechselkurs wie bei einer vollständigen Dollarisierung jedoch gar nicht abgewertet werden, müssten die Anpassung vollständig über die Preise und Einkommen laufen. Sind diese aber nach unten nicht flexibel, bringt ein solcher externer Schock direkte negative Auswirkungen auf die Produktion und Beschäftigung mit sich. Dies verschlechtert wiederum die Einnahmensituation des Staates und damit seine Fiskalposition. Eine weitere zu berücksichtigende Einnahmenquelle des Staates würde durch den Verlust der Seigniorage[160] an die Federal Reserve der Vereinigten Staaten verloren gehen.[161] Die Entscheidung zugunsten einer vollständigen

---

[157] Vgl. dazu Castillo (1999), S. 61.
[158] Dies ist nur möglich, wenn auch nach der Dollarisierung noch ausreichend Währungsreserven zur Verfügung stehen bzw. Kreditlinien mit dem Ausland vereinbart werden konnten. Vgl. dazu Roca (2000).
[159] Roy (2000), S. 210.
[160] Seigniorage stellt den Bruttogewinn der Zentralbank dar, der daraus entsteht, dass die Zentralbank selbst emittiertes Geld verzinslich verleiht. Vgl. dazu Berg/Borensztein (2000b), S. 6.
[161] Castillo (1999), S. 64 schätzt diese Verluste für die BCRP auf rund 100 Mio. US$ pro Jahr .

Dollarisierung ist außerdem mit einer Irreversibilität verbunden, die die eines Currency Boards bei weitem überschreitet.

Diese Ausführungen machen deutlich, dass eine vollständige Dollarisierung keine Stabilitätsimport an sich darstellt. Ihre Vorteile sind einerseits von bestimmten Charakteristiken der jeweiligen Wirtschaft abhängig und können andererseits die eigentlichen strukturellen Probleme nicht lösen, sondern nur kurzfristig überdecken. Vor dem Hintergrund des beschriebenen Stabilisierungsprozesses stellt sich somit die Frage, welche Vorteile eine vollständige Dollarisierung dann in Peru überhaupt noch leisten kann. Eine Entscheidung über das zu wählende Wechselkursregime muss daher als zentralen Aspekt immer berücksichtigen, inwiefern ein Land dazu fähig ist, effektive und effiziente Mechanismen und Institutionen zu schaffen, die die Diskretion der Geldpolitik beschränken.[162] Die Beschreibung der peruanischen Währungsreform hat gezeigt, dass Letzteres in Peru, vor allem durch die neue Zentralbankverfassung, längst institutionell abgesichert ist. Wurden aber nicht nur die Voraussetzungen für eine glaubwürdige und auf Preisstabilität ausgerichtete Geldpolitik geschaffen, sondern die mit ihr verfolgten Ziele – wie in Peru geschehen[163] – auch zum großen Teil erreicht, so kann eine Dollarisierung keine weitere stabilisierende Wirkung mehr liefern. Sie verschärft dann eher noch die eigentlichen strukturellen Probleme durch ihre negativen Auswirkungen auf den Realsektor.

VI.   BEWERTUNG DER GELDPOLITIK

1. Bewertungskriterien

Das Ziel jeder vernünftigen Geldpolitik ist Geldwertstabilität.   Da die peruanische Zentralbank in ihrer Verfassung nur noch diesem Ziel verpflichtet ist, muss das Erreichen von Geldwertstabilität den zentralen Bewertungsaspekt darstellen.[164] Bei der Bewertung spielt jedoch nicht nur eine Rolle, dass, sondern auch wie diese Geldwertstabilität erreicht wurde.

---

[162] Vgl. Mishkin/Savastano (2000), S. 5.
[163] Vgl. dazu die Ausführungen in Kapitel VI.
[164] Auch wenn die Geldpolitik nicht isoliert von der Währungsreform analysiert werden kann, wird bei ihrer Bewertung vor allem die Entwicklung seit 1994 berücksichtigt und nicht mehr auf die einzelnen

Daher wird als ein weiteres Kriterium die Auswahl und das Einhalten des Zwischenziels innerhalb der Geldmengenstrategie betrachtet und dargestellt, inwieweit diese zum Erreichen des Endziels beigetragen haben.

Da Glaubwürdigkeit eine notwendige Voraussetzung für das Erreichen von Geldwertstabilität darstellt, wird sie im Rahmen der Bewertung der Geldpolitik genauer behandelt. Zuerst wird erläutert, welchen Beitrag die unterschiedliche Elemente der Geldpolitik zum Aufbau von Glaubwürdigkeit geleistet haben. Im darauffolgenden Schritt wird anhand der Indikatoren Geldumlaufgeschwindigkeit und Dollarisierungsgrad gemessen, inwieweit es der Geldpolitik gelungen ist, das Vertrauen der Wirtschaftssubjekte in die nationale Währung wiederherzustellen.

Die Rolle der Glaubwürdigkeit der Geldpolitik ergibt sich aus dem Principle-Agent-Problem. Dieses basiert auf der Tatsache, dass die Wirtschaftssubjekte nicht hundertprozentig absichern können, dass sich der Agent, in diesem Fall die Notenbanker, trotz Ankündigung einer stabilitätsorientierten Geldpolitik auch dementsprechend verhält. So könnte die Geldpolitik geneigt sein, kurz vor dem Ende der Legislaturperiode eine expansive Politik zu betreiben, um durch eine kurzfristige Konjunkturbelebung der amtierenden Regierung einen Vorteil bei den kommenden Wahlen zu verschaffen.[165] Langfristig bringt dies der Gesellschaft aber eher Nachteile, da die gestiegenen Inflationserwartungen die Geldwertstabilität gefährden können. Schon früh setzte sich die Wissenschaft damit auseinander, wie der Einsatz des diskretionären Handlungsspielraums der Notenbanker zur Bedienung von Interessengruppen so weit wie möglich eingeschränkt werden kann. Dies bedeutet nicht, dem Agent jegliche Entscheidungskompetenz zu nehmen, so wie es die Vertreter starrer geldpolitischer Regeln fordern[166], sondern über das Setzen von Anreizstrukturen einerseits sein Verhalten zu binden, ihm aber andererseits genügend Flexibilität einzuräumen, um auf unvorhergesehene Schocks reagieren zu können. Die durch diese Anreizstruktur nach außen erzeugte Bindung ist entscheidend für die Glaubwürdigkeit der Geldpolitik. Eine Notenbank wird dann als glaubwürdig eingestuft, wenn die von ihr angekündigte, stabilitätsorientierte Geldpolitik von den Wirtschaftssubjekten bei ihrer

---

Aspekte der Währungsreform i.w.S., wie z.B. der Sequenzierung eingegangen. Zur Bewertung der peruanischen Währungsreform vgl. Klein (1997), S. 42-72.
[165] Vgl. Bofinger/Reischle/Schächter (1996), S. 132-133.

Erwartungsbildung zugrundegelegt wird.[167] Hier wird deutlich, dass in der Erwartungsbildung der Privaten, welche schon im Rahmen der Transmissionskanäle beschrieben wurde, eine für die Geldpolitik zentrale Variable zu sehen ist, ohne die die Geldpolitik ihre Ziele nicht erreichen kann. Eine Zentralbank kann somit über eine anreizkompatible Zentralbankverfassung, die eine höchstmögliche Unabhängigkeit garantiert, die Grundlage für ihre Glaubwürdigkeit legen. Ergänzend dazu ist eine Selbstbindung in Form der Ankündigung einer geldpolitischen Konzeption und eine ausgewogene Kommunikationspolitik notwendig. Diese erhöht die Transparenz der Geldpolitik und senkt damit die Anreize der Notenbank, eine Überraschungsinflation zu verfolgen, weil diese von den Privaten schneller erkannt wird. Letztendlich muss die Zentralbank aber durch das Einhalten der angekündigten Politik langfristiges Vertrauen aufbauen.

Als letztes Bewertungskriterium wird die Abstimmung von Geld- und Fiskalpolitik in der Stabilisierungsphase betrachtet, denn „the best and only lasting way to bring about low interest rates and to achieve moderate inflation is by a balanced budget...."[168] Budgetüberschüsse haben in der Stabilisierungsphase eine wichtige Funktion: Ihre Stilllegung bei der Zentralbank ermöglicht eine allmähliche Sanierung der Zentralbankbilanz.[169] „Zugleich werden die Geschäftsbanken dadurch sukzessive in eine revolvierende kurzfristige Finanzierung in heimischer Währung bei der Zentralbank hineingezwungen. Dies erlaubt den allmählichen Aufbau einer borrowed base und schafft damit die marktmäßigen Voraussetzungen für eine effektive Zinspolitik der Zentralbank."[170] Bezüglich des gemeinsamen Ziels von Budgetüberschüssen ist zwar eine Abstimmung der Geld- und Fiskalpolitik unerlässlich, die Verantwortung zum Erreichen von Haushaltsüberschüssen liegt jedoch alleine bei der Fiskalpolitik. Eine Bewertung der Geldpolitik in Bezug auf das Kriterium der Abstimmung zwischen Geld- und Fiskalpolitik muss sich daher auf die von der Geldpolitik beeinflussbaren Aspekte konzentrieren. Letztere umfassen vor allem das Ausmaß, in dem die peruanische Zentralbank die durch die Fiskalpolitik erzeugten Schwankungen der Geldnachfrage in

---

[166] Zur Diskussion über Rules vs. Discretion vgl. Bofinger/Reischle/Schächter (1996), S. 119- 177.
[167] Zu weiter gefassten Definitionen der Glaubwürdigkeit vgl. ebenda, S. 173 sowie Deckert (1996), S. 84.
[168] Dornbusch (1993), S. 29.
[169] Vgl. Roy (2000), S. 203
[170] Roy (2000), S. 203.

ihren geldpolitischen Entscheidungen berücksichtigt und über geldpolitische Instrumente ausgleichen kann.

2. Das Erreichen von Geldwertstabilität

Das kurzfristige Ziel jeder Währungsreform ist eine Disinflation, über die mittelfristig Geldwertstabilität erreicht werden soll.[171] Es gibt aber verschiedene Möglichkeiten den Disinflationspfad zu gestalten. Dornbusch meint dazu, dass

„...*pragmatism must prevail. Central bankers should talk about cero inflation, but they also should compromise with reality. At the margin there are tradeoffs, and pursuing zero inflation at any cost is not only socially irresponsible but also bad economics ...being to anxious to turn the corner by declaring victory over inflation too early keeps the inflationary virus fully alive and leaves economy vulnerable to a resumption of high inflation.*"[172]

Dementsprechend entschied sich die peruanische Zentralbank wegen ihrer geringen Glaubwürdigkeit und den extremen Preisverzerrungen Anfang der neunziger Jahre für einen graduellen Abbau der Inflation.[173]

Tabelle 3 stellt die stufenweise absinkenden Inflationsziele dar, die seit 1994 öffentlich angekündigt werden. Bei der Aufstellung der Inflationsziele berücksichtigte die BCRP die erwarteten Angebotsschocks und die realen Kosten der Disinflation. Die jährliche Inflationsrate, die 1990 noch 7.650 Prozent betrug, wurde langsam aber stetig auf 11,8 Prozent im Jahre 1996 und 3,7 Prozent im Jahre 2000 zurückgeführt. Das Jahr 2001 endete sogar mit leichten deflatorischen Tendenzen.[174] Auch wenn die Inflationsrate gemessen am Konsumentenpreisindex die gesetzten Inflationsziele seit 1994 nur dreimal erreichte, einmal überschritt und viermal unterschritt, stellt dies keine bedenkliche Abweichung vom Disinflationsprozess dar. Das bestätigt einerseits die höhere Zielerreichung der Kerninflation, welche nur dreimal knapp außerhalb des Zielkorridors lag.

---

[171] Es existiert keine explizite Definition von Preisstabilität in Peru. Vielmehr wird meist das Inflationsniveau der wichtigsten Industrieländern, allen voran der USA, als ein Maßstab angeführt.
[172] Dornbusch (1993), S. 33-35.
[173] Folgendes nach Armas et al. (2001), S. 34-35.
[174] Diese sind wohl zum großen Teil auf die starken Nachfrageausfälle aufgrund der wirtschaftlichen Stagnation zurückzuführen. Letztere zog die Ende der neunziger Jahre aufgetretene Liquiditätskrise und die ca. zwei Jahre andauernde politische Krise um den Wahlbetrug Fujimoris bei den Präsidentschaftswahlen 2000 nach sich.

Tabelle 3: Inflationsziele und Zielerreichung			
	Inflationsziel	Tatsächliche Inflation*	Kerninflation**
1990	-	7.649,6	-
1991	-	139,2	-
1992	-	56,7	-
1993	-	39,5	-
1994	15 - 20	15,4	18,4
1995	9 - 11	10,2	11,1
1996	9,5 - 11,5	11,8	9,7
1997	8 - 10	6,5	7,4
1998	7,5 - 9	6,0	7,8
1999	5 - 6	3,7	4,6
2000	3,5 - 4	3,7	3,2
2001	2,5 - 3,5	-0,1	0,7

Inflationsraten zum Jahresende (in %)
* Konsumentenpreisindex (IPC)
** schließt bestimmte Nahrungsmittel, Treibstoff und öffentliche Verkehrsmittel aus, um nur die langfristige Tendenz zu erfassen.
Quellen: Eigene Darstellung nach Daten aus BCRP (1996), BCRP (2000) sowie Resumen Informativo der BCRP (diverse Ausgaben)

Andererseits zeigen die vom Zielkorridor eher nach unten als nach oben abweichenden Inflationsraten, dass die BCRP ihre Glaubwürdigkeit im Prozess des Inflationsabbaus auf keinen Fall aufs Spiel setzten wollte. Dies ist wichtig, denn „the policymakers face a cost-benefit issue if credibility in and of itself does not produce this further disinflation. If attaining further reduction in inflation takes protracted slack in the economy, then going all the way to zero inflation by spending an extra year or two with slack can be very costly."[175]

Die Behauptung, dass der graduelle Abbau der Inflationsraten die mit dem Stabilisierungsprozess verbundenen Kosten auf nahezu null gesenkt habe[176], ist jedoch

---

[175] Dornbusch (1993), S. 35.
[176] Zu diesem Ergebnis kommen gemäß Armas et al. die Studien von Ayala (2001) und Zegarra (2000).

fraglich. Man muss berücksichtigen, dass auch die bis zum Erreichen von Preisstabilität noch existenten Inflationsniveaus Kosten für die Wirtschaft mit sich bringen. Daher müssen die Kosten eines zu schnellen Inflationsabbaus mit denen eines graduellen Abbaus der Inflation verglichen werden. Es kann somit nur vermutet werden, dass der in Abbildung 7 dargestellte, über zehn Jahre andauernde Disinflationspfad dazu beigetragen hat, die realen Kosten der Stabilisierung relativ gering zu halten.[177]

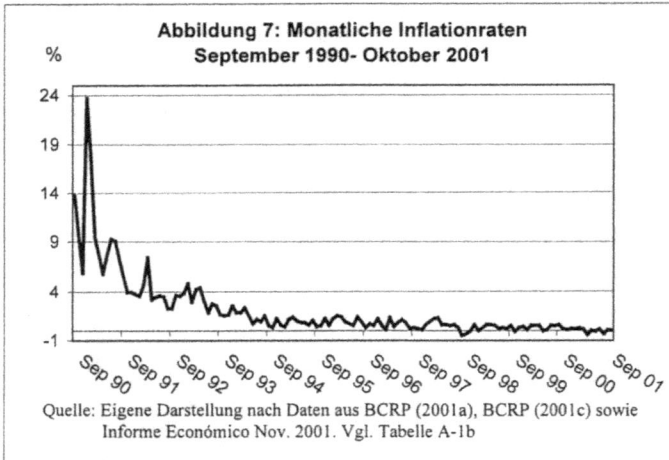

Abbildung 7: Monatliche Inflationraten
September 1990- Oktober 2001

Quelle: Eigene Darstellung nach Daten aus BCRP (2001a), BCRP (2001c) sowie
Informe Económico Nov. 2001. Vgl. Tabelle A-1b

Somit hat die Währungsreform und die seitdem praktizierte Geldpolitik ihr Hauptziel, die Geldwertstabilität, erreicht. Obwohl sie ihre Priorität eindeutig auf den Abbau der Inflation gesetzt hat, berücksichtigte sie die mit einer zu schnellen Disinflation verbundenen Kosten. Die niedrige Abweichung von den angekündigten Endzielen ist auch im internationalen Vergleich ein beachtlicher Erfolg.

3. Auswahl und Einhalten des Zwischenziels

Die Wahl des Geldbasiswachstums als Zwischenziel wurde bisher mit dessen engem Zusammenhang zur Inflationsrate begründet. Diese Aussage soll hier etwas differenzierter behandelt werden, bevor zur Analyse der Zieleinhaltung übergegangen wird. Bei der Abgrenzung der als Zwischenziel relevanten Geldmenge steht die Frage im Vordergrund, ob wegen des hohen Dollarisierungsgrades ein rein auf nationale Währung beschränktes

---

[177] Es bleibt zu betonen, dass die mit einem Disinflationsprozess verbundenen Kosten jedoch nicht Kosten

Geldmengenaggregat ausreicht und welches Geldmengenaggregat die engste Beziehung zum Endziel aufweist. Da die Dollarisierung in Peru hauptsächlich in Form einer „asset substitution" besteht, bleibt der Geldpolitik zum großen Teil die Fähigkeit erhalten, die Inflation über ein Geldmengenaggregat in nationaler Währung zu beeinflussen. Um ein Geldmengenaggregat als Zwischenziel nutzen zu können, muss zuerst die Voraussetzung einer stabilen Geldnachfrage erfüllt sein. Quispe weist nach, dass die engsten Geldmengenaggregate in nationaler Währung im Bezug auf die Geldnachfrage am stabilsten sind und sich somit generell als Zwischenzielvariablen eignen.[178] Eine weitere an eine Zwischenzielvariable zu stellende Anforderung ist ihr stabiler und enger Zusammenhang mit den Endziel. Die Studien von León Fernandez[179] sowie Berg und Borensztein[180] untersuchen den Zusammenhang diverser Geldmengenaggregate mit der Inflationsentwicklung und kommen zu dem Ergebnis, dass die engsten Geldmengenaggregate, unter ihnen besonders der Bargeldumlauf und die Geldbasis, in Peru den höchsten Erklärungsgehalt für die Inflationsentwicklung besitzen. Während eines Disinflationsprozesses ist es aber immer problematisch die zu einem neuen Gleichgewicht mit niedrigerer Inflationsrate passende Geldmengenexpansion vorherzusagen, da der Anstieg der realen Geldnachfrage und das Sinken der Umlaufgeschwindigkeit des Geldes schwer einzuschätzen sind.[181] Das Wachstum der Geldbasis koppelte sich auch in Peru seit 1993 temporär von der Inflationsrate ab. Die Veränderungen in der Geldnachfrage und der Umlaufgeschwindigkeit machten eine starke Expansion der Geldbasis notwendig. Dies bedeutet, dass die Geldpolitik in dieser Phase trotz steigendem Wachstum der Geldbasis nicht als expansiv bezeichnet werden kann, was der gleichzeitig stattfindende Disinflationsprozess belegt. Eine solche Entwicklung ist natürlich schwer zu prognostizieren, weshalb eine Einhaltung der Geldmengenziele während der Stabilisierungsphase eher unwahrscheinlich ist. Daher ist es auch verständlich, dass die BCRP die Zwischenzielwerte bis 1999 nicht veröffentlichte.

---

der Stabilisierung an sich darstellen, sondern Folgekosten der inflationären Politik der vorherigen Phase.
[178] Vgl. Quispe Misaico (1998).
[179] Vgl. León Fernandez (1999).
[180] Vgl. Berg/Borensztein (2000a).
[181] Vgl. Schweickert (1993), S. 33-34.

Tabelle 4: Unveröffentlichte Zwischenzielwerte und Zielerreichung (durchschnittliches jährliches Wachstum der Geldbasis)			
	Zielwert (in %)	Erreichter Wert (in %)	Abweichung vom Zielwert
1994	19	39,0	20,0
1995	30	41,0	11,0
1996	14	15,3	1,3
1997	9	13,7	4,7
1998	15	12,5	-2,5
1999	6	6,7	0,7
2000	8-10*	6,0	2,0-4,0
* im Programa Monetario zum ersten Mal veröffentlicht			
Quelle: Eigene Darstellung nach Lizondo et al.(2001), S. 81			

Tabelle 4 verdeutlicht das relativ schlechte Abschneiden der Geldmengenziele während der Stabilisierungsphase. Es muss jedoch angemerkt werden, dass sich die Höhe der Abweichungen im Laufe der Jahre stark verringert hat.

Seit 1994 versucht die BCRP den Verlust der Indikatorfunktion für die Inflationsentwicklung, die das Wachstum der Geldbasis vor dem Auflösen des Geldbasis-Inflationszusammenhangs erfüllte, durch die Ankündigung von Inflationszielen zu kompensieren.[182] Auch wenn die Geldbasis als die am besten geeignete Zwischenzielvariable innerhalb einer Geldmengenstrategie gilt, stellt sowohl der geschwächte Zusammenhang von Geldbasis- und Inflationsentwicklung als auch die relativ schlechte Zielerreichung die Geldmengenstrategie generell in Frage. Aus diesem Grund muss die peruanische Zentralbank auf längere Sicht überlegen, welche Alternativstrategie sich ihr bietet. Da die Ankündigung der Inflationsziele bereits ein Element des Inflation Targeting darstellt, liegt es nahe, dass die BCRP den graduellen Übergang zu einem Inflation Targeting als zukünftige Alternative ins Auge fasst. Die Zentralbank hat seit 2001 offiziell ein Interesse an der vollständigen Implementierung eines Inflation Targeting geäußert und überprüft, inwieweit die dazu notwendigen strukturellen, institutionellen, personellen und technischen Voraussetzungen in Peru

---

[182] Vgl. León Fernández (2000), S. 15.

gegeben sind.[183] Ende Januar 2002 verkündete der Präsident der BCRP, Richard Webb, offiziell die Entscheidung zugunsten eines Übergangs zum Inflation Targeting.[184] Peru beschreitet damit den Weg einer wachsenden Zahl von Ländern, die aufgrund steigender Instabilitäten des Geldmengen-Inflationszusammenhangs seit Beginn der neunziger Jahre ein Inflation Targeting praktizieren.[185]

Stützt man sich bei der Bewertung der Geldpolitik alleine auf das Erreichen des Zwischenziels, müsste man ein eher negatives Urteil abgeben. Eine solch einseitige Betrachtung ist aber alleine schon deshalb nicht angebracht, weil die Zwischenzielerreichung keinen Selbstzweck erfüllt und eine Reinform der Geldmengenstrategie in der Praxis nicht existiert.

4. Glaubwürdigkeit der Geldpolitik

4.1 Beitrag der Ausgestaltung der Geldpolitik zum Aufbau von Glaubwürdigkeit

Mit der in Kapitel III.1.2 ausführlich dargestellten Reform der Zentralbankverfassung hat die peruanische Geldpolitik das Fundament zum Aufbau ihrer Glaubwürdigkeit gelegt. Verbesserungswürdig in Bezug auf die Anreizkompatibilität der Zentralbankverfassung sind jedoch die an die Legislaturperiode gekoppelten und sich nicht überlappenden Amtsperioden des gesamten Entscheidungsgremiums. Sie setzen deren Mitglieder den Wiederwahlinteressen der amtierenden Regierung aus.[186]

Weiterhin kann man die von der BCRP seit 1990 konsequent verfolgte Disinflationspolitik als eine Investition in ihre Glaubwürdigkeit betrachten. Der dabei

---

[183] Vgl. Lizondo et al. (2001), S. 86-87. Studien zur Umsetzbarkeit eines Inflation Targeting in Peru sind z.B. Rossini Miñan, Armas et al, Ize , Stone und Clinton/Perrault (2001).

[184] Vgl. Ortiz (2002).

[185] Als erstes Land ging 1989 Neuseeland zu einem Inflation Targeting über. Es folgten Länder wie Australien, Kanada, Finnland, Israel, Spanien, Großbritannien und Schweden. In Lateinamerika wird ein Inflation Targeting inzwischen von Brasilien, Mexiko und Chile praktiziert.

[186] Im Bezug auf die Glaubwürdigkeit der Geldpolitik wird hier nicht berücksichtigt, dass die Geldpolitik in den Augen der Privaten - trotz Unabhängigkeit der Zentralbank - immer auch im Kontext der allgemeinen politischen Situation beurteilt wird. Letztere änderte sich in Peru mit dem Selbstputsch Fujimoris im Jahre 1992, mit dem sich die Regierung Fujimori in eine Diktatur verwandelte, die „... was personalist, clientelist, anti-institutional and less than sympathetic to the development of the institutions of representative democracy", Crabtree, 1998, S. 20. Während auf der einen Seite argumentiert wird, dass diese Machtkonzentration die Währungsreform erst ermöglichte, muss auf der anderen Seite auf die Kosten hingewiesen werden, die sich aus der Schwächung der institutionellen Basis der demokratischen Strukturen ergeben und daher langfristig eher negative Auswirkungen auf die Glaubwürdigkeit der Regierung und ihrer Politik mit sich bringen.

angewandte, graduelle Disinflationspfad stellt den Versuch dar, die komplett verlorene Glaubwürdigkeit langsam aufzubauen und das Vertrauen weniger über radikale Maßnahmen als über eine stetige Einhaltung der selbstgesetzten Ziele zu verfolgen. Die Entscheidung die Zwischenziele nicht anzukündigen, hat somit in der schwierigen Anfangsphase dem Aufbau der Glaubwürdigkeit eher gedient als geschadet. Allerdings ist zu vermuten, dass die veröffentlichten Verlaufsziele des Geldbasiswachstums zum Jahresende von den Privaten aufgrund des nicht verfügbaren Zwischenzielwertes ersatzweise zur Evaluation der Geldpolitik herangezogen wurden. Da sich auch das Verlaufsziel des Geldbasiswachstums durch relativ große Abweichungen auszeichnet, ist die obige Aussage zu relativieren.

Langfristig kommt eine auf einer Geldmengensteuerung basierende Geldpolitik jedoch nicht daran vorbei transparent zu machen, welche Rolle ihr Geldmengenziel innerhalb ihrer Strategie spielt. Insoweit kann man der BCRP im Bezug auf die Kommunikation ihrer Strategie nach außen mangelnde Transparenz vorwerfen. So haben die Verwirrung beim Übergang zum Geldmengenziel sowie die später folgenden Unklarheiten bezüglich der Rolle des Wechselkurses negativ auf die Glaubwürdigkeit der Zentralbank gewirkt. Auch hätte das Erläutern der Gründe für die jeweiligen Abweichungen bzw. die Anpassungen von Zielwerten die Transparenz erhöht. Besonders seit dem Ende der neunziger Jahre ist man aber bestrebt, den Mangel an Transparenz zu beseitigen. Dies spiegelt sich unter anderem in der jährlichen Veröffentlichung des geldpolitischen Programms sowie der monatlichen Informationen über die geldpolitischen Operationen wider.

Diese Verbesserungen in der Kommunikation nach außen stellen den Ausgangspunkt für den Übergang zum Inflation Targeting dar. Die grundlegenden Voraussetzungen dafür sind mit der Unabhängigkeit der Zentralbank und deren Effektivität bei der Inflationskontrolle in Peru erfüllt.[187] Trotz der guten Inflationszielerreichung ist es aber noch notwendig, das Modell für die Inflationsvorhersagen auszubauen und die zukünftig zugrundegelegte Strategie der Öffentlichkeit transparent zu machen. Gelingt dies, kann der Übergang zum Inflation Targeting einen großen Beitrag zur Glaubwürdigkeit der BCRP leisten und eine erfolgreiche Alternative zu der derzeitigen Geldmengensteuerung

---

[187] Vgl. Lizondo et al. (2001), S. 86-87.

bieten, die langfristig aufgrund des sich auflösenden Zusammenhangs von Geldbasis und Inflationsentwicklung Glaubwürdigkeitsprobleme mit sich bringt.

4.2 Wiederherstellung des Vertrauens in die nationale Währung

Die nationale Währung hatte durch die Hyperinflation jegliches Vertrauen der Wirtschaftssubjekte verloren. Dieser Vertrauensverlust manifestierte sich in einer stark ansteigenden Umlaufgeschwindigkeit, einer abnehmenden realen Geldmenge und wachsender Währungssubstitution.[188] Im Folgenden wird anhand der Entwicklung der Geldumlaufgeschwindigkeit und des Dollarisierungsgrades aufgezeigt, inwieweit es der Geldpolitik gelungen ist, das Vertrauen der Privaten in die nationale Währung wiederherzustellen.

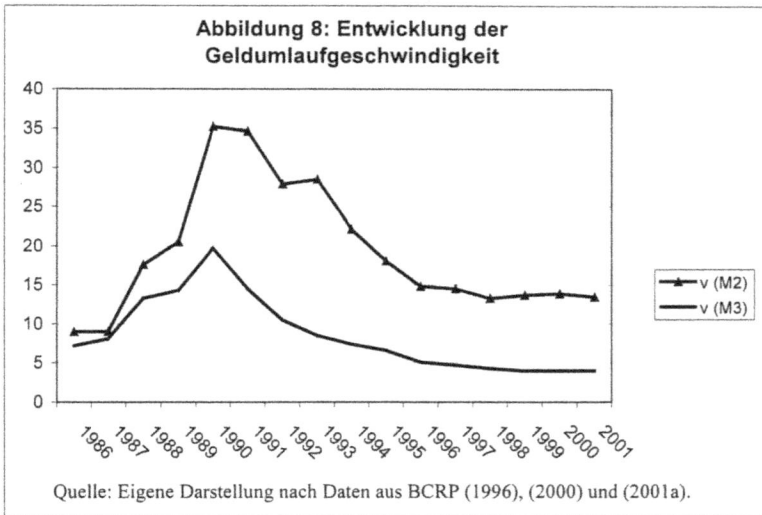

Abbildung 8: Entwicklung der Geldumlaufgeschwindigkeit

Quelle: Eigene Darstellung nach Daten aus BCRP (1996), (2000) und (2001a).

Wie Abbildung 8 verdeutlicht, sank die Geldumlaufgeschwindigkeit des nur die nationale Währung umfassenden Geldmengenaggregats M2[189], die 1990 wegen der Hyperinflation ihren Höchststand erreicht hatte, bis 1993 nur sehr langsam. Danach wird ihre Entwicklung von einem Abwärtstrend charakterisiert, bis sie sich seit 1997 auf einem Niveau von ca. 14 einpendelte. Auffällig ist, dass sich die Geldumlaufgeschwindigkeit

---

[188] Vgl. Klein (1997), S. 45-46.
[189] M1= Bargeld und Sichteinlagen in nationaler Währung, M2= M1 + Termin- und Spareinlagen in nationaler Währung, M3= Bargeld sowie Sicht-, Termin- und Spareinlagen in nationaler Währung und in Dollars.

von M2 trotz einer großen Verbesserung immer noch über dem Niveau von 1986 befindet. Die Umlaufgeschwindigkeit des sowohl die nationale als auch die Fremdwährung umfassenden Geldmengenaggregats M3 ist nach der Währungsreform schneller wieder gesunken und stabilisierte sich seit 1998 auf niedrigem Niveau. Nach der Entwicklung der Geldumlaufgeschwindigkeit zu beurteilen, ist das Vertrauen in die nationale Währung somit nur zum Teil wiederhergestellt.

Wie schon erläutert, hat die nationale Währung mit Ausnahme größerer, hochwertiger Transaktionen die Tauschmittelfunktion wieder übernommen, während die Wertaufbewahrungsfunktion aber noch weitgehend vom Dollar erfüllt wird. Das Ausmaß dieser „asset substitution" spiegelt somit wider, inwiefern die Privaten der nationalen Währung in ihrer Funktion als Wertaufbewahrungsmittel vertrauen.

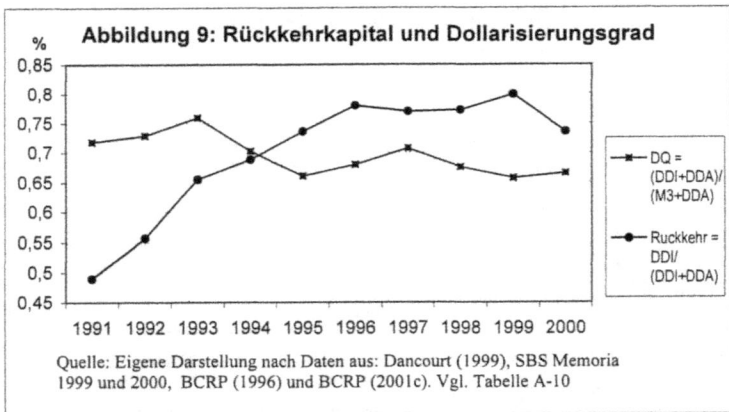

Abbildung 9: Rückkehrkapital und Dollarisierungsgrad

Quelle: Eigene Darstellung nach Daten aus: Dancourt (1999), SBS Memoria 1999 und 2000, BCRP (1996) und BCRP (2001c). Vgl. Tabelle A-10

Die Entwicklung des Indikators „Rückkehr" in Abbildung 9 verdeutlicht die Verlagerung von Dollareinlagen in das inländische Bankensystem nach der Währungsreform. Demnach scheint die Repatriierung von Fluchtkapital vor allem bis 1996 stattgefunden zu haben. Die Verlagerung der Dollareinlagen kann zwar als wiedergewonnenes Vertrauen in das nationale Bankensystem, nicht aber in die nationale Währung interpretiert werden.

Der durch den Dollarisierungsquotienten „DQ" gemessene Dollarisierungsgrad der peruanischen Wirtschaft ist im Bezug auf den Vertrauensgewinn in die nationale Währung der aussagekräftigere Indikator. Er zeigt eine – wenn auch schwache – Entdollarisierung nach 1993. Seit Mitte der neunziger Jahre verharrt der

Dollarisierungsgrad der Wirtschaft aber auf einem Niveau zwischen 65 % und 70 %. Die beschriebene Entwicklung lässt auf ein nur begrenztes Vertrauen in die nationale Währung als Wertaufbewahrungsmittel schließen.

Zusammenfassend kann man sagen, dass die Geldpolitik seit der Währungsreform stetig an Glaubwürdigkeit gewonnen hat. Dazu beigetragen haben die konsequent verfolgte Stabilitätspolitik sowie die Bemühungen, die Geldpolitik transparenter zu gestalten. Es ist der peruanischen Zentralbank aber nur teilweise gelungen, das Vertrauen der Privaten in die nationale Währung wiederherzustellen. Der Dollar wird die Wertaufbewahrungsfunktion noch solange erfüllen, wie seine Inflationsraten unter denen der nationalen Währung liegen. Da sich seit dem Jahr 2000 die Inflationsraten Perus an die der USA angenähert haben, wird die Zukunft zeigen müssen, ob die erreichte Geldwertstabilität des Sol ausreicht, um auch eine Entdollarisierung der Bankeinlagen zu erreichen. Es ist zu vermuten, dass dies nur in einem sehr langfristig angelegten Vertrauensbildungsprozess möglich sein wird, in dem die Glaubwürdigkeit der Geldpolitik zur Sicherung der Geldwertstabilität eine entscheidende Rolle einnehmen wird.

5. Abstimmung mit der Fiskalpolitik

Die Geldpolitik kann zu einer Abstimmung mit der Fiskalpolitik beitragen, indem sie Liquiditätsschwankungen während der Steuerzahlungsperiode bzw. aufgrund des Schuldendienst der Regierung ausgleicht. Obwohl die BCRP versucht, sowohl die großen Überschussreserven der Banken zum Monatsbeginn als auch die Liquiditätsengpässe während der Steuererhebungsperiode möglichst gering zu halten, ist ihr das bisher nur teilweise gelungen. Dies hat zur Folge, dass der Interbankenzinssatz noch eine relativ hohe Volatilität aufweist und steuerzahlungsbedingt vom neunten Werktag eines Monats ansteigt, um nach dem achtzehnten Werktag wieder abzusinken.[190] Da diese Volatilität Kosten für die Geschäftsbanken mit sich bringt, erhöht sie das durchschnittliche Niveau der Geldmarktzinssätze und schadet somit der Finanzintermediation. Die BCRP versuchte diese Fluktuationen durch die Einrichtung der Einlagenfazilität für nationale Währung im September 2000 abzuschwächen und den Interbankenzinssatz nach unten zu begrenzen. Außerdem berücksichtigt sie in ihren täglichen geldpolitischen Entscheidungen die

Dollarnachfrage, die die Regierung im Rahmen ihres Schuldendienstes an das Ausland generiert.[191] Die durch den Ankauf von Dollars für den Schuldendienst dem Finanzsystem in nationaler Währung entzogene Liquidität versucht sie durch Ankauf von Dollars am Devisenmarkt auszugleichen.

Die Volatilität des Interbankenzinssatzes ist seit Ende der neunziger Jahre aufgrund einer verbesserten Feinsteuerung der BCRP stark zurückgegangen, kann aber aufgrund der Geldmengensteuerung nicht vollständig unterbunden werden.[192] Die Bedeutung der Volatilität des Interbankenzinssatzes liegt in ihren negativen Anreizen auf die Kreditvergabe in heimischer Währung begründet, welche seit Ende der neunziger Jahre nur noch weniger als 20 % der gesamten Kreditvergabe ausmacht. Eine Senkung der Volatilität des Interbankenzinssatzes kann somit, zusammen mit der Verringerung des relativ hohen Zinsniveaus und Zinsspreads, langfristig einen Beitrag dazu leisten, die Rolle der Kredite in heimischer Währung gegenüber der Fremdwährungskreditvergabe zu stärken.

Zusammenfassend ist festzuhalten, dass eine Abstimmung zwischen Geld- und Fiskalpolitik stattfindet, ihre Umsetzung aber noch verbesserungswürdig ist. Die Zentralbank muss daher auch weiterhin an der Feinsteuerung der Geldpolitik arbeiten, um über diese die Volatilität des Interbankenzinssatzes zu senken.

---

[190] Vgl. Lizondo et al. (2001), S. 82.
[191] Vgl. Choy Chong (1999), S. 197-198.
[192] Folgendes nach Lizondo et al. (2001), S. 82-84.

VII. ABSCHLIEßENDE BEMERKUNGEN

Die populistische Politik der Regierung Garcia führte Ende der achtziger Jahre zu einer Hyperinflation, die eine Zerrüttung des Geldwesen und eine fast vollständige Währungssubstitution zur Folge hatte. Die katastrophale wirtschaftliche Lage war der Ausgangspunkt für die im August 1990 von der Regierung Fujimori begonnene Währungsreform, die von weiteren, über den monetären Sektor hinausgehenden Reformmaßnahmen begleitet wurde. Das Ziel der Währungsreform war es, mittelfristig über eine Strategie der Geldmengensteuerung die hohen Inflationsraten auf stabile Niveaus zurückzuführen. Die Zentralbankreform von 1993 stellt eine der Grundvoraussetzungen dieser Stabilitätspolitik dar, da sie die Zentralbank alleinig auf das Ziel der Geldwertstabilität verpflichtete und die Möglichkeit der Monetisierung von Staatsdefiziten, die zum Ausbruch der Hyperinflation geführt hatten, abschaffte. Flankiert wurden diese Maßnahmen durch die Einführung einer neuen Währung, die Liberalisierung und Reform des Bankensystems sowie die Wiedereingliederung in das internationale Finanzsystem. Die Fiskalpolitik leistete ihren Beitrag, indem sie über das Aufheben der radikalen Preiskontrollen, das Einrichten eines Kassenkomitees sowie eine umfassende Reform des Steuerwesens auf eine Verringerung der hohen Haushaltsdefizite hinarbeitete. Parallel zur Währungsreform fand eine Liberalisierung des Kapitalmarktes, des Handels sowie ein Privatisierungsprogramm statt. Diese Reformen stellen das Umfeld dar, in dem die peruanische Geld- und Währungspolitik seit 1990 agierte.

Die peruanische Zentralbank verfolgte seit 1990 im Rahmen einer Geldmengenstrategie den graduellen Abbau der Inflation, wobei sie als ihr Zwischenziel die durchschnittliche prozentuale Veränderung der Geldbasis wählte. Die Zwischenzielwerte wurden aber bis 1999 nicht veröffentlicht. Aufgrund der Fluktuationen der für die Berechnung des Zwischenzielwertes relevanten monetären Variablen während der Stabilisierungsphase war die Geldmengenregel in Peru flexibel gestaltet. Bei unvorhergesehenen Änderungen dieser monetären Variablen konnte die Zentralbank die Zwischenzielwerte den neuen Informationen anpassen und somit endogen auf diese Fluktuationen reagieren. Außerdem wurden bei der Festlegung des Zwischenziels weitere Indikatoren, wie die Inflationserwartung und die Zinssätze, berücksichtigt. Seit 1994 begann die BCRP mit der

Ankündigung von Inflationszielen, da sich zeitweise der Zusammenhang von Geldbasis und Inflation aufzulösen schien.

Innerhalb der Geldmengensteuerung praktiziert die BCRP einen „Managed Float", im Rahmen dessen sie durch Devisenmarktinterventionen versucht unerwünschte, kurzfristige Schwankungen des Wechselkurses auszugleichen ohne dessen generelle Tendenz zu beeinflussen.

Die in Peru in den neunziger Jahren stark angestiegene Dollarisierung der Finanzintermediation behindert vor allem die Funktion des Kredit- und Wechselkurskanals des Transmissionsmechanismus und engt somit den Handlungsspielraum der Geldpolitik ein. Trotz der sich aus der steigenden Dollarisierung der Finanzintermediation ergebenden Probleme schaffte es die Zentralbank, ein relativ hohes Maß an Glaubwürdigkeit aufzubauen und den Disinflationsprozess konsequent fortzusetzen. Zehn Jahre nach der Währungsreform konnte das Ziel der Geldwertstabilität erreicht werden. Wegen des graduellen Inflationsabbaus ist es aber nicht verwunderlich, dass von den Privaten auch weiterhin hauptsächlich der Dollar als Wertaufbewahrungsmittel verwendet wird. Die Dollarisierung der Bankeinlagen und die auf ihr basierende Dollarisierung der Kreditvergabe hat die peruanische Wirtschaft verwundbar gemacht, weil eine größere, abrupte Abwertung der heimischen Währung eine beachtliche Erhöhung der Schuldenlast zur Folge hätte und somit die Gefahr einer Bankenkrise nach sich ziehen könnte. Die peruanische Geldpolitik steht somit vor dem Dilemma zwischen einem wettbewerbsfähigen Wechselkurs und der Stabilität des Finanzsystems abwägen zu müssen. Die durch die Liberalisierung des Kapitalverkehrs und die Wiedereingliederung in das internationale Finanzsystem ermöglichte starke Ausweitung der Kreditaufnahme der Geschäftsbanken im Ausland verschärfte diese Entwicklung, da durch sie auch die Geschäftsbanken zu Dollarschuldnern geworden sind. Trotz einer restriktiven Geldpolitik der BCRP erlaubte der starke Anstieg der Dollarkredite eine Expansion der gesamtwirtschaftlichen Nachfrage. Die sich daraus ergebende Notwendigkeit des Anstiegs der Importe trug zu einem wachsenden Handelsbilanzdefizit bei. Bis 1997 konnte dieses durch die großen Kapitalzuflüsse finanziert werden. Wegen der zahlreichen externen Schocks Ende der neunziger Jahre und der von ihnen ausgelösten Umkehr der Kapitalflüsse bzw. Sperrung der Kreditlinien im

Ausland ist es aber zu Liquiditätsengpässen gekommen, deren Nachwirkungen noch bis zuletzt fühlbar waren.

Der peruanische Fall verdeutlicht, dass Geldwertstabilität zwar eine notwendige, aber keine hinreichende Bedingung für gesamtwirtschaftliches Wachstum darstellt. Die als Reaktion auf die eingeschränkte Handlungsfähigkeit der Geldpolitik von einigen Seiten geforderte vollständige Dollarisierung ist aber der Weg in die falsche Richtung. Diese würde die Probleme sowohl des Finanz- als auch des Realsektor eher noch verschärfen ohne einen zusätzlichen Beitrag zu der ohnehin schon erreichten Geldwertstabilität leisten zu können. Die realisierte Preisniveaustabilität bildet vielmehr den Ausgangspunkt für einen Entdollarisierungsprozess, der langfristig einen Ausweg aus der mit der inoffiziellen Dollarisierung einhergehenden Entwicklungsblockade darstellen könnte.[193] Der Ausbau der Glaubwürdigkeit der Geldpolitik spielt in diesem Prozess eine entscheidende Rolle. Aus diesem Grund müssen die seit Ende der neunziger Jahre begonnenen Bestrebungen, die Transparenz der Geldpolitik zu erhöhen, weiter verfolgt werden. Der geplante Übergang zu einer Strategie des „Inflation Targeting" ist angesichts der Probleme beim Erreichen der Geldmengenziele und der im Vergleich dazu geringen Abweichungen von den Inflationszielen seit 1994 ein Schritt in die richtige Richtung.

Die Wirtschaftspolitik muss in Zukunft an die von der Geldpolitik erreichte Stabilität anknüpfen und gemeinsam mit dieser den langfristigen Vertrauensbildungsprozess in die heimische Währung begleiten. Nur so kann die wiedergewonnene Preisstabilität auch zu einem gesamtwirtschaftlichen Wachstum beitragen.

---

[193] Vgl. Roy (2000), S. 210

ANHANG

Tabelle A-1a: Monatliche Veränderung des Konsumentenpreisindex IPC 1985-1991 (in %)

	1985	1986	1987	1988	1989	1990	1991
Januar	13,39	5,15	6,57	12,77	47,34	29,85	17,38
Februar	9,49	4,22	5,59	11,83	42,49	30,53	9,42
März	8,15	5,26	5,34	22,60	41,99	32,65	7,70
April	12,21	4,06	6,59	17,92	48,64	37,30	5,84
Mai	10,9	3,35	5,91	8,51	28,61	32,79	7,64
Juni	11,79	3,56	4,69	8,81	23,05	42,58	9,26
Juli	10,34	4,59	7,31	30,90	24,58	63,23	9,06
August	10,80	3,97	7,36	21,71	25,06	396,98	7,24
September	3,53	3,57	6,47	114,12	26,86	13,77	5,56
Oktober	2,98	3,96	6,37	40,60	23,25	9,62	3,95
November	2,72	3,56	7,13	24,41	25,84	5,93	3,96
Dezember	2,79	4,58	9,55	41,87	33,75	23,73	3,74

Quelle: BCRP (1996), S. 237

Tabelle A-1b: Monatliche Veränderung des Konsumentenpreisindex IPC 1992-2001 (in %)

	1992	1993	1994	1995	1996	1997	1998	1999	2000	2001
Januar	3,54	4,85	1,83	0,37	1,20	0,50	0,90	0,00	0,10	0,19
Februar	4,73	2,93	1,82	1,14	1,50	0,10	1,20	0,30	0,50	0,25
März	7,45	4,24	2,32	1,37	1,40	1,30	1,30	0,60	0,50	0,15
April	3,18	4,43	1,55	0,99	0,90	0,40	0,60	0,60	0,50	-0,42
Mai	3,44	3,03	0,71	0,83	0,70	0,80	0,60	0,50	0,00	0,02
Juni	3,58	1,82	1,14	0,81	0,50	1,10	0,50	0,20	0,10	-0,06
Juli	3,47	2,74	0,89	0,57	1,40	0,80	0,60	0,30	0,50	0,17
August	2,28	2,53	1,53	1,04	0,90	0,20	0,30	0,20	0,50	-0,30
September	2,26	1,62	0,52	0,39	0,30	0,30	-0,50	0,50	0,6	0,06
Oktober	3,64	1,51	0,29	0,51	0,70	0,20	-0,30	-0,10	0,20	0,04
November	3,54	1,6	1,22	1,24	0,50	0,10	0,00	0,30	0,10	-0,49
Dezember	3,84	2,51	0,58	0,53	1,20	0,60	0,60	0,40	0,20	-0,09

Quellen: BCRP (2001a), BCRP (2001c) sowie Informe Económico Nov. 2001

Tabelle A- 2: Kerninflation*: Monatliche prozentuale Veränderung 1991-2000

	1991	1992	1993	1994	1995	1996	1997	1998	1999	2000
Januar	20,8	3,0	4,0	2,0	1,0	0,9	0,8	1,0	0,7	0,2
Februar	12,3	2,8	3,2	2,2	0,6	0,9	1,1	0,8	0,6	0,1
März	9,4	7,2	4,0	1,9	1,4	1,5	0,9	1,0	0,6	0,2
April	5,9	3,8	3,5	1,9	1,2	1,2	0,6	0,5	0,4	0,4
Mai	8,6	4,3	4,4	2,1	0,9	1,2	0,4	0,4	0,4	0,3
Juni	9,2	4,1	3,1	0,5	0,9	0,5	0,5	0,4	0,1	0,2
Juli	7,4	2,8	2,4	1,5	0,8	0,3	0,5	0,7	0,0	0,3
August	6,7	3,4	2,2	1,1	0,9	0,7	0,6	0,5	0,4	0,4
September	6,2	2,8	1,5	1,2	0,6	0,8	0,3	0,6	0,4	0,2
Oktober	4,3	3,5	1,5	1,4	0,6	0,4	0,5	0,7	0,4	0,2
November	4,5	3,1	1,5	0,4	0,7	0,5	0,3	0,4	0,1	0,5
Dezember	4,5	3,7	2,2	0,9	0,8	0,5	0,7	0,5	0,3	0,3

* schließt bestimmte Nahrungsmittel, Treibstoff und öffentliche Verkehrsmittel aus, um nur die langfristige Tendenz zu erfassen

Quelle: BCRP (2001c), S. 207

Tabelle A- 3a: Zentralbank – monetäre Verpflichtungen (1991-1995)

	in Mio. Nuevos Soles				
	1991	*1992*	*1993*	*1994*	*1995*
I. Nettodevisenreserven	**1.251**	**3.261**	**5.894**	**12.464**	**15.340**
in Mio. US$[1]	1.304	2.001	2.742	5.718	6.641
a. Aktiva	2.532	5.142	8.307	15.114	18.143
b. Passiva	1.281	1.881	2.413	2.650	2.803
II. Sonstige Auslandsverpflichtungen	**- 87**	**- 134**	**- 8**	**-36**	**- 25**
III. Kredite im Inland (a+b+c+d+e)*	**500**	**222**	**-561**	**-4.659**	**-5.179**
a. Öffentlicher Sektor	-158	-403	-639	-3.632	-4.858
b. Privatsektor	7	8	8	0	0
c. Bankensystem**	259	370	358	-196	- 114
d. Kapital, Reserven, Provisionen	12	20	-17	86	143
e. Sonstige Aktiva und Passiva (Netto)	403	267	-305	-745	- 64
IV. Monetäre Verpflichtungen (I+II+III)	**1.664**	**3.349**	**5.325**	**7.769**	**10.136**
a. in nationaler Währung	832	1.350	1.814	3.021	4.098
1. Geldbasis	832	1.350	1.803	2.672	3.658
2. Wertpapiere***	0	0	12	349	440
b. in ausländischer Währung	832	1.999	3.510	4.748	6.038
in Mio. US$[1]	866	1.227	1.633	2.178	2.614

[1] Der Umrechnungskurs für ausländische Währung ist der Durchschnitt aus An- und Verkaufskurs des Wechselkurs zum Jahresende
* Negative Werte stehen für Nettoeinlagen bei der Zentralbank
**umfasst Banco de la Nación, Entwicklungsbanken und private Kreditinstitute
*** umfasst die von Kreditinstituten und Privaten erworbenen CDBCRP einschließlich Übernachteinlagen
Quelle: BCRP (2001c), S. 248

Tabelle A- 3b: Zentralbank – monetäre Verpflichtungen (1996-2000)					
	in Mio. Nuevos Soles				
	1996	1997	1998	1999	2000
I. Nettodevisenreserven	22.205	27.660	28.928	29.497	28.875
in Mio. US$[1]	8.540	10.169	9.183	8.404	8.180
a. Aktiva	25.045	30.244	31.444	31.600	30.227
b. Passiva	2.840	2.584	2.516	2.103	1.352
II. Sonstige Auslandsverpflichtungen	- 14	1	12	9	36
III. Kredite im Inland (a+b+c+d+e)*	- 9.834	- 12.363	- 14.322	- 12.966	- 12.103
a. Öffentlicher Sektor	- 7.964	- 10763	- 11.976	- 10158	- 9.441
b. Privatsektor	0	0	0	0	0
c. Bankensystem**	- 1.162	- 791	- 350	72	- 505
d. Kapital, Reserven, Provisionen	251	398	460	431	435
e. Sonstige Aktiva und Passiva (Netto)	- 457	- 411	- 1.535	- 2449	- 1.723
IV. Monetäre Verpflichtungen (I+II+III)	12.357	15.297	14.618	16.540	16.807
a. in nationaler Währung	4.047	5.385	5.296	6.216	6.978
1. Geldbasis	3.996	4.761	5.023	5.876	5.642
2. Wertpapiere***	51	624	273	340	1.336
b. in ausländischer Währung	8.310	9.912	9.323	10.324	9.829
in Mio. US$[1]	3.196	3.644	2.960	2.941	2.784

[1] Der Umrechnungskurs für ausländische Währung ist der Durchschnitt aus An- und Verkaufskurs des Wechselkurs zum Jahresende
* Negative Werte stehen für Nettoeinlagen bei der Zentralbank
**mfasst Banco de la Nación, Entwicklungsbanken und private Kreditinstitute
***umfasst die von Kreditinstituten und Privaten erworbenen CDBCRP einschließlich Übernachteinlagen
Quelle: BCRP (2001c), S. 248

Tabelle A-4:
Umlaufgeschwindigkeiten
der Geldmengenaggregate **

	V (M1)	V (M2)	V (M3)
1986	15,3	9,0	7,2
1987	15,0	9,0	8,1
1988	25,4	17,6	13,3
1989	38,2	20,5	14,3
1990	53	35,2	19,7
1991	56,9	34,6	14,5
1992	45,8	27,9	10,5
1993	46,1	28,5	8,5
1994	38,6	22,1	7,4
1995	33,1	18,1	6,6
1996	30,3	14,8	5,1
1997	28,6	14,5	4,7
1998	27	13,3	4,3
1999	27,7	13,7	4,0
2000	27,7	13,9	4,0
2001*	27,7	13,5	4,0

* vorläufig
** Die Umlaufgeschwindigkeit ist die Inverse des
   Monetisierungskoeffizienten M/BIP
M1 = Bargeld und Sichteinlagen in nationaler
Währung
M2 = M1 zuzüglich Termin- und Spareinlagen in
nationaler Währung
M3 = Bargeld sowie Sicht-, Termin- und
Spareinlagen in
nationaler Währung und in US-Dollars

Quellen: BCRP (1996), (2000) und (2001a)

Tabelle A – 5a: Wechselkursentwicklung

	Nominal				Real**	
	Nuevos Soles/US-Dollar*		Index aus Perioden-durchschnitt (1994= 100)		Index aus Perioden-durchschnitt (1994= 100)	
	Ankauf	Verkauf	Ankauf	Verkauf	Ankauf	Verkauf
1991	0,76	0,78	34,2	34,6	102,8	104,1
1992	1,24	1,25	55,5	56,0	97,3	98,1
1993	1,98	1,99	90,2	90,3	109,1	109,3
1994	2,19	2,20	100,0	100,0	100,0	100,0
1995	2,24	2,26	102,6	102,7	94,9	95,0
1996	2,44	2,45	111,7	111,7	95,4	95,3
1997	2,66	2,66	121,5	121,3	97,8	97,6
1998	2,92	2,93	133,6	133,2	101,7	101,5
1999	3,38	3,38	154,5	154,1	116,2	115,8
2000	3,49	3,49	159,5	158,9	119,5	119,1

* Offizieller Wechselkurs (Periodendurchschnitt)
** Ermittelt aus dem nominalen, bilateralen Dollarkurs unter Berücksichtigung der Preisdivergenzen zwischen Peru und USA, Anstieg des Index = Abwertung
Quelle: BCRP (2001c), S. 208-209

Tabelle A- 5b: Wechselkurse (prozentuale Veränderung)

	Nominal*		Real**	
	Index aus Periodendurchschnitt (1994= 100)		Index aus Periodendurchschnitt (1994= 100)	
	Ankauf	Verkauf	Ankauf	Verkauf
1991	741,1	723,6	- 30,2	- 31,7
1992	62,4	61,6	- 5,3	- 5,8
1993	62,3	61,4	12,1	11,4
1994	10,9	10,7	- 8,3	- 8,5
1995	2,6	2,7	- 5,1	- 5,0
1996	8,9	8,7	0,5	0,3
1997	8,8	8,6	2,5	2,4
1998	9,9	9,9	4,0	4,0
1999	15,7	15,6	14,2	14,1
2000	3,2	3,1	2,9	2,8

* Offizieller Wechselkurs
** Ermittelt aus dem nominalen, bilateralen Dollarkurs unter Berücksichtigung der Preisdivergenzen zwischen Peru und USA, Anstieg des Index = Abwertung

Quelle: BCRP (2001c), S. 210

Tabelle A-6: Zinssatz der CDBCRP*

	1992	1993	1994	1995	1996	1997	1998	1999	2000
Januar	n.v.	34,49	19,26	14,89	13,43	14,60	13,80	16,49	17,80
Februar	n.v.	29,88	16,22	14,98	11,49	15,50	13,90	21,30	15,80
März	n.v.	30,29	14,98	15,80	11,69	-	15,20	26,60	14,10
April	n.v.	30,85	15,04	18,48	12,90	14,80	15,50	19,00	13,60
Mai	n.v.	30,84	15,11	19,89	13,30	-	14,70	14,48	14,30
Juni	49,07	29,55	15,12	18,91	13,30	12,30	14,6	13,81	14,90
Juli	46,23	29,39	15,12	18,84	14,00	11,50	14,61	12,29	15,10
August	46,80	29,75	13,66	18,34	14,00	12,50	15,09	10,39	14,10
September	31,58	27,98	14,55	15,98	14,30	13,30	17,78	11,40	13,60
Oktober	34,49	21,75	14,91	14,46	14,20	11,90	19,29	14,00	13,50
November	34,49	19,10	14,95	12,42	15,30	12,80	19,21	14,22	13,80
Dezember	34,49	26,82	15,04	14,68	16,00	13,90	16,89	17,40	13,50

* durchschnittlicher Zinssatz des Saldos der CDBCRP
Quelle: www.bcrp.gob.pe/Espanol/mensuales/ASP/DB_MensualR.asp

Tabelle A- 7: Veröffentlichte jährliche Ziele des Geldbasiswachstums zum Jahresende*

	Zielwert (in %)	Erreichter Wert (in %)	Abweichung
1994	20,0	48,2	28,2
1995	15,0	36,9	21,9
1996	10,0	9,2	-0,8
1997	5,0	19,2	14,2
1998	9,7	5,5	-4,2
1999	5,9	17,0	11,1
2000	0,0	-4,0	-4,0

* Nicht zu verwechseln mit dem Zwischenziel, das als Durchschnittswert angegeben wird.

Quelle: Lizondo et al. (2001), S. 82

Tabelle A-8: Dollarisierung der Finanzintermediation

	Bankeinlagen in Fremdwährung (US$)		Kredite der Geschäftsbanken in Fremdwährung (US$)	
	in Mio. US$	in % der Gesamteinlagen	in Mio. US$	in % der Gesamtkredite
1990	756	63	451	56,6
1991	2.163	75	1.241	67,7
1992	2.627	75	1.755	76,2
1993	3.875	82	2.733	79,4
1994	5.280	77	4.417	74,3
1995	6.090	74	5.845	71,3
1996	8.007	75	8.353	74,4
1997	8.976	73	10.723	77,6
1998	n.v.	72	11.636	80,2
1999	n.v.	74	11.450	82,2
2000	n.v.	74	11.198	81,6

Alle Werte zum Jahresende
Umrechnungskurs = Durchschnitt aus An- und Verkaufskurs zum Jahresende

Quellen:
Bankeinlagen: Dancourt (1999), S. 61 und SBS Memoria (diverse Ausgaben).
Kredite: BCRP (1996) und BCRP (2001c).

Tabelle A – 9: Fluchtkapital und Dollarisierungsgrad

	DDI (Mrd. S/.)	DDA (Mrd. S$)	M3 (Mrd. S/.)	e (Soles/ US-Dollar)	DDA* e (Mrd. S/.)	DDI+ DDA (in Mrd. S/.)	M3+DDA (in Mrd. S/.)	DDI/M3	DQ = (DDI+DDA)/ (M3+DDA)	Rück- kehr = DDI/ (DDI+ DDA)
1991	2,332	2,53	4,203	0,960	2,429	4,761	6,632	0,5548	0,7179	0,4898
1992	4,570	2,23	7,624	1,630	3,635	8,205	11,259	0,5994	0,7287	0,5570
1993	8,259	2,02	12,253	2,150	4,343	12,602	16,596	0,6740	0,7593	0,6554
1994	11,303	2,35	18,278	2,180	5,123	16,426	23,401	0,6199	0,7019	0,6881
1995	14,098	2,19	23,931	2,310	5,059	19,157	28,990	0,5891	0,6608	0,7359
1996	21,060	2,36	33,781	2,525	5,959	27,019	39,740	0,7416	0,6799	0,7795
1997	24,118	2,65	37,100	2,725	7,221	31,339	44,321	0,6501	0,7071	0,7695
1998	28,303	2,65	45,870	3,150	8,348	36,651	54,218	0,6176	0,6760	0,7722
1999	32,310	2,32	53,400	3,510	8,143	40,453	61,543	0,6051	0,6573	0,7987
2000	33,338	3,40	56,120	3,525	11,985	45,323	68,105	0,5940	0,6655	0,7355

Quellen:
DDA: IMF International Financial Statistics (IFS) Jahrbücher und Monatshefte (diverse Ausgaben), ab 1995 BIS International Banking and Financial Market Developments, Quarterly Review (diverse Ausgaben)
DDI: Lizondo et al. (2001), BCRP (1996) und (2001)
e: BCRP (2001c), Wechselkurs zum Jahresende, Durchschnitt aus An- und Verkaufskurs
M3: BCRP (1996) und (2001a)
Andere Angaben: Eigene Berechnungen

Tabelle A-10a: Durchschnittlicher nominaler Sollzinssatz für die nationale Währung (TAMN*)

	1992	1993	1994	1995	1996	1997	1998	1999	2000	2001
Januar	222,86	130,84	71,34	37,16	33,20	30,60	30,13	36,48	32,15	25,86
Februar	185,95	124,72	71,40	37,60	33,40	31,60	30,67	35,88	32,37	25,16
März	153,20	112,67	69,40	36,20	32,20	31,40	31,74	36,11	32,24	24,93
April	132,70	98,05	66,69	35,50	31,30	31,20	31,52	37,12	31,36	25,41
Mai	133,70	91,64	60,66	35,50	30,70	31,30	31,81	37,12	30,86	25,75
Juni	134,70	89,47	57,17	36,80	31,80	31,50	31,12	36,5	31,15	26,09
Juli	135,70	87,54	51,99	36,90	31,20	30,60	30,90	35,65	30,51	26,63
August	136,70	84,78	50,76	36,50	30,60	31,10	30,66	35,21	30,02	26,11
September	137,70	83,52	44,75	36,60	30,90	30,50	33,33	34,18	27,91	24,63
Oktober	138,70	79,38	41,91	36,40	31,20	30,50	36,13	32,3	27,74	23,46
November	128,78	75,93	39,13	35,20	31,30	30,30	36,40	32,11	27,12	22,72
Dezember	135,27	72,33	38,96	33,50	30,60	30,40	37,11	32,02	26,52	22,99

* TAMN: Tasa de interés activa en moneda nacional = aus täglichen von SBS veröffentlichten Zinssätzen errechneter durchschnittlicher monatlicher (gewichteter) Sollzinssatz für die nationale Währung (in % pro Jahr)
Quelle: www.bcrp.gob.pe/Espanol/Westadisticas/mensuales/ASP/DB_MensualR.asp

Tabelle A-10b: Durchschnittlicher nominaler Habenzinssatz für die nationale Währung (TIPMN*)

	1992	1993	1994	1995	1996	1997	1998	1999	2000	2001
Januar	36,07	16,90	13,00	7,90	9,80	10,30	9,92	12,54	10,58	8,80
Februar	31,37	16,80	12,70	9,00	9,80	10,30	9,80	12,69	10,67	8,66
März	26,82	16,80	11,90	9,10	10,00	10,70	9,98	13,38	10,21	8,50
April	25,34	16,70	11,90	9,10	10,20	10,40	10,13	13,63	10,06	8,16
Mai	22,42	16,30	10,80	9,10	10,20	10,30	10,08	13,42	9,76	8,36
Juni	22,42	15,80	10,60	9,70	10,10	10,60	10,19	12,73	9,91	8,35
Juli	22,42	15,70	9,60	10,10	10,40	10,70	10,66	11,79	9,69	8,07
August	22,42	14,50	8,40	10,50	10,40	10,40	11,16	10,77	9,48	7,70
September	19,56	14,90	7,80	10,50	10,50	10,40	11,55	9,95	9,26	6,74
Oktober	19,56	14,50	7,40	10,50	10,30	10,20	12,32	9,82	9,14	6,32
November	18,16	13,40	7,40	10,20	10,20	9,90	12,40	10,37	9,43	5,85
Dezember	18,16	13,20	7,30	9,90	10,50	9,90	12,59	10,56	9,35	5,06

*TIPMN: Tasa de interés pasiva en moneda nacional = aus täglichen von SBS veröffentlichten Zinssätzen errechneter durchschnittlicher monatlicher (gewichteter) Habenzinssatz für die nationale Währung (in % pro Jahr)

Quelle: Eigene Berechnungen nach Daten aus:
   www.bcrp.gob.pe/Espanol/Westadisticas/mensuales/ASP/DB_MensualR.asp

Tabelle A-11a: Durchschnittlicher nominaler Sollzinssatz für ausländische Währung (TAMEX*)

	1992	1993	1994	1995	1996	1997	1998	1999	2000	2001
Januar	20,09	16,71	15,41	15,23	17,20	16,70	15,67	16,98	14,61	12,57
Februar	20,64	16,50	15,36	15,40	17,20	16,50	15,73	17,03	14,45	13,20
März	19,16	16,35	15,24	15,60	17,10	16,40	15,66	17,08	14,30	12,85
April	17,21	16,19	15,11	15,70	17,00	16,40	15,72	17,00	14,18	12,53
Mai	18,43	15,96	15,13	15,90	16,80	16,20	15,82	16,93	14,13	12,30
Juni	19,03	15,77	15,16	16,30	16,60	16,10	15,88	16,71	13,97	12,18
Juli	19,21	15,61	15,33	16,40	16,50	16,00	15,80	16,76	13,78	12,37
August	19,18	15,44	15,33	16,40	16,60	15,80	15,75	16,89	13,76	12,11
September	16,91	15,34	15,38	16,60	16,70	15,70	15,89	16,80	12,92	12,01
Oktober	16,79	15,22	15,37	16,90	16,90	15,60	16,26	15,64	12,73	11,90
November	16,75	15,04	15,28	17,00	16,90	15,60	16,60	15,12	12,63	11,68
Dezember	16,92	15,17	15,24	17,20	16,80	15,60	16,82	14,77	12,60	10,17

*TAMEX: Tasa de interés activa en moneda extranjera = aus täglichen von SBS veröffentlichten Zinssätzen errechneter durchschnittlicher monatlicher (gewichteter) Sollzinssatz für ausländische Währung (in % pro Jahr)

Quelle: www.bcrp.gob.pe/Espanol/Westadisticas/mensuales/ASP/DB_MensualR.asp

Tabelle A-11b: Durchschnittlicher nominaler Habenzinssatz für ausländische Währung (TIPMEX*)

	1992	1993	1994	1995	1996	1997	1998	1999	2000	2001
Januar	7,80	5,70	5,00	5,10	6,20	5,70	5,14	5,37	4,80	4,43
Februar	5,90	5,80	4,90	5,40	6,20	5,60	5,05	5,34	4,79	4,28
März	6,90	5,70	4,80	5,50	6,20	5,60	5,05	5,29	4,79	4,10
April	6,50	5,70	4,90	5,60	6,30	5,60	5,01	5,25	4,73	3,90
Mai	6,20	5,70	4,80	5,70	6,20	5,60	5,02	5,19	4,68	3,74
Juni	6,30	5,60	4,80	5,9	6,20	5,60	5,01	5,06	4,63	3,60
Juli	6,30	5,50	4,80	6,00	6,20	5,60	5,03	5,06	4,65	3,50
August	6,20	5,40	5,00	6,10	6,10	5,60	5,05	4,99	4,68	3,43
September	6,00	5,30	5,00	6,20	6,00	5,50	5,02	4,90	4,65	3,15
Oktober	5,90	5,20	4,90	6,20	5,90	5,40	5,14	4,85	4,64	2,83
November	5,80	5,00	4,90	6,20	5,80	5,30	5,30	4,94	4,62	2,59
Dezember	5,80	5,00	4,90	6,20	5,70	5,20	5,40	4,90	4,63	2,19

*TIPMEX: Tasa de interés pasiva en moneda extranjera = aus täglichen von SBS veröffentlichten Zinssätzen errechneter durchschnittlicher monatlicher (gewichteter) Habenzinssatz für die ausländische Währung (in % pro Jahr)

Quelle: www.bcrp.gob.pe/Espanol/Westadisticas/mensuales/ASP/DB_MensualR.asp

Tabelle A-12: Zahlungsbilanz (in Mio. US-Dollar)

	1991	1992	1993	1994	1995	1996	1997	1998	1999	2000
I. Zahlungsbilanzsaldo	-1.505	- 2.090	- 2.293	-2.555	- 4.123	-3.429	-3.056	-3.634	-1.919	-1.627
in % des BIP	- 4,4	- 5,8	- 6,6	- 5,7	- 7,7	- 6,1	- 5,2	- 6,4	- 3,7	- 3,0
1. Handelsbilanz	- 189	- 340	- 607	-997	-2.165	-1.988	-1.721	-2.466	-631	-321
a. Exporte	3.406	3.661	3.516	4.598	5.589	5.898	6.832	5.757	6.119	7.028
b. Importe	-3.595	-4001	-4.123	-5.596	-7.754	-7.886	-8.553	-8.222	-6.749	-7.349
2. Dienstleistungen	- 423	- 575	- 575	-502	-763	-685	-786	-658	-701	-783
3. Erwerbs- und Vermögenseinkommen	-1.371	-1635	-1.619	-1.804	-2.008	-1.639	-1.468	-1.488	-1.581	-1.542
4. Laufende Übertragungen	467	460	508	748	812	883	919	978	994	1.018
II. Kapitalverkehrssaldo	- 56	857	1.830	3.874	3.044	3.488	5.704	1.920	1.106	1.108
1. Privatsektor	139	234	1.220	3806	2.565	4.096	2.463	2163	2.399	1.199
2. Öffentlicher Sektor	- 129	- 411	473	-369	-158	-434	601	-57	383	227
3. kurzfristige Investitionen	- 66	1.034	137	437	637	-174	2.640	-187	-1.676	-368
III. Externe Finanzierung	1.390	1.490	629	1.611	1.504	922	-829	365	28	- 58
IV. Devisenbilanz*	- 788	- 716	- 657	-2.978	929	-1.932	-1.733	1.006	775	190
V. Restposten	959	460	491	48	504	951	-86	343	10	387

Positive Werte stehen für Nettozuflüsse
* Nettoauslandsaktiva der BCRP

Quelle: BCRP (2001c), S. 212-213

LITERATURVERZEICHNIS

Abugattas, Luis (1998): *Stabilisation, Structural Reform and Industrial Performance.* In: Crabtree, J.; Thomas, J. (Hrsg.): Fujimori´s Peru: The Political Economy, S. 61-88, University of London, London.

Alier, M. et al. (1998) : *Peru : Selected Issues.* IMF Staff Country Report No. 98/97, International Monetary Fund, Washington D.C.

Alvarez, Elena (1998): *Economic effects of the illicit drug sector in Peru.* In: Crabtree, J.; Thomas, J. (Hrsg.): Fujimori´s Peru: The Political Economy, S. 108-126, University of London, London.

Andino Farto, José Luis (2000): *Estructura de mercado, desempeño y solvencia en la Banca - un estudio comparativo entre Colombia, Ecuador, Perú.* ABYA-YALA, Quito.

Arena, Marco; Tuesta, Pedro (1998): *Fundamentos y desalineamientos: el tipo de cambio real de equilibrio en el Perú.* In: Estudios Económicos, April 1998, BCRP, Lima.

Arena, Marco; Tuesta, Pedro (1999): *El objetivo de la intervención del banco central: el nivel del tipo de cambio, la reducción de la volatilidad cambiaria o ambos?: Un análisis de la experiencia peruana 1991-1998.* In: Estudios Económicos, Dezember 1999, BCRP, Lima.

Armas, Adrián et al. (2001) : *De metas monetarias a metas de inflación en una economía con dolarización parcial : el caso peruano.* In: Estudios Económicos No. 7, Juni 2001, S. 25-73, BCRP, Lima.

Arnillas, Federico et al (1999): *Problemática y propuestas sobre la deuda externa.* In: Deuda externa del Perú - propuestas alternativas. Centro de Estudios y Publicaciones, Lima.

Ayala Salcedo, Roberto (2001): *Análisis de los efectos de la políticas monetarias adoptados por los Países Andinos entre 1970 y 1999.* División de Estudios Económicos del Fondo Latinamericano de Reservas (FLAR).

Bähr, Christa (1994): *Ansätze zu einer Theorie der Währungsreform: Währungsreformen nach offenen und zurückgestauten Inflationen.* Institut für Wirtschaftspolitik an der Universität zu Köln, Köln.

BCRP (1996): *Compendio de Estadísticas Monetarias 1959-1995.* Lima

BCRP (2001a): *Boletín Semanal,* No. 31, 17. August 2001, Lima

BCRP (2001b): *La Política Monetaria del Banco Central de Reservas del Perú.* In: Notas de Estudios. Juli 2001, No. 7, Lima.

BCRP (2001c): *Memoria 2000,* BCRP, Lima.

Berg, Andrew; Borensztein, Eduardo (2000a): *The choice of exchange rate regime and monetary target in highly dollarized economies.* IMF working paper 00/29, Februar 2000, International Monetary Fund, Washington D.C.

Berg, Andrew; Borensztein, Eduardo (2000b): *Full Dollarization- The Pros and Cons.* IMF economic issues No. 24, International Monetary Fund, Washington D.C.

Bofinger, Peter; Reischle, Julian; Schächter, Andrea (1996): *Geldpolitik - Ziele, Institutionen, Strategien und Instrumente.* Vahlen, München.

Bringas A.; Paul ; Tuesta R., Vicente (1997): *El superávit de encaje y los mechanismos de transmisión de la política monetaria : una aproximación.* In : Estudios Económicos, Oktober 1997, S. 33-50, BCRP, Lima.

Cagan, Phillip (1956): *The Monetary Dynamics of Hyperinflation.* In: Milton Friedman (Hrsg.), Studies on the Quantity Theory of Money, S. 25-117, Chicago.

Calvo, Guillermo; Vegh, Carlos (1992): *Currency substitution in developing countries: an introduction.* In: Revista de Análisis Económico Vol. 7, S. 23-28

Calvo, Guillermo; Reinhart, Carmen (2000a): *Reflections on Dollarization.* NBER und University of Maryland, Working Paper vom 16. Juni 2000, online am 18.10.2001: www.puaf.umd.edu/papers/reinhart/hoover%7E1.pdf

Calvo, G. A.; Reinhart, C. M. (2000b): *Fear of floating.* NBER working paper 7993, November 2000, Cambridge, Massachusetts

Campodónico, Humberto (1994): *Importancia económica del narcotráfico y su relación con las reformas neo-liberales del gobierno de Fujimori.* In: Drogas y control penal en los Andes, S. 149-168, Comisión Andina de Juristas, Lima.

Castillo B., Paul (1999): *La dolarización total de la economía?* In: Moneda No. 114, Jahr XI, April-Mai 1999, BCRP, Lima.

Choy Chong, Marylin. (1999): *Monetary policy operating procedures: the Peruvian case.* In: Monetary policy operating procedures in emerging markets. BIS Policy Papers No. 5, S. 186-202, Bank For International Settlements, Basel.

Clinton, Kevin; Perrault Jean-François (2001): *Metas de inflación y tipos de cambio flexibles en economías emergentes.* In: Estudios Económicos, Juni 2001, BCRP, Lima.

Crabtree, J. (1998): *Neo-populism and the Fujimori Phenomenon.* In: Crabtree, J.; Thomas, J. (Hrsg.): Fujimori´s Peru: The Political Economy, S.7-24, University of London, London.

Cuba, Elmer (2000): *El déficit fiscal y sus implicancias en el mediano plazo.* In : Moneda No.124, Nov.-Dez. 2000, S. 56-58, BCRP, Lima.

Dancourt, Oscar; Mendoza, Waldo (1998): *Los impactos macroeconómicos de los flujos de capital en Perú 1990-1997.* In : Boletín de Opinión, Januar 1998, Consorcio de Investigación Económica y Social (CIES), Lima.

Dancourt, Oscar (1999): *Reforma neoliberal y política macroeconómica en el Perú.* Revista de la CEPAL 67, April 1999, United Nations, Santiago de Chile.

Deckert, Martin (1996): *Liberalisierung in südostasiatischen Volkswirtschaften: Glaubwürdigkeit als kritischer Erfolgsfaktor in der Deregulierung von Finanzsystemen.* Dt. Univ.-Verl. und Gabler, Wiesbaden.

de la Rocha, Javier (1998): *The transmission mechanism of monetary policy in Peru.* In: The transmission mechanism of monetary policy in emerging markets. BIS Policy Papers No. 3, S. 181-194, Bank For International Settlements, Basel.

Dornbusch, Rüdiger (1993): *Stabilization, Debt and Reform-Policy analysis for developing countries.* Harvester Wheatsheaf, New York pp.

Dornbusch, Rüdiger; Edwards, Sebastian. (1995): *Introduction.* In: Dornbusch, Rüdiger, Edwards, Sebastian (Hrsg.): Reform, Recovery and Growth - Latin America and the Middle East. National Bureau of Economic Research, The University of Chigago Press; London,Chicago.

Duncan, Roberto (2000): *Histéresis, sustitución monetaria y sustitución de activos: Peru, 1993-1999.* In : Moneda No. 123, Sept.-Okt. 2000, S. 57-64, BCRP, Lima.

Feldsieper, Manfred (1983): *Zum Begriff und zur Messung der realen Bewertung einer Währung.* In: Feldsieper, Manfred; Groß, Richard (Hrsg.): Wirtschaftspolitik in weltoffener Wirtschaft, S. 47-64, Duncker& Humblot, Berlin.

Görgens, Egon; Ruckriegel, Karlheinz; Seitz, Franz (1999): *Europäische Geldpolitik.* Werner Verlag, Düsseldorf.

Gonzales de Olarte, Efraín. (1998): *El ajuste estructural de los años noventa.* In : Boletín de Opinión No. 33, Januar 1998, Consorcio de Investigación Económica y Social (CIES), Lima.

Guevara Ruiz, Guillermo (1999): *Política Monetaria del Banco Central: Una Perspectiva Historica.* In: Estudios Económicos, Dez. 1999, BCRP, Lima.

Hügle, Wolfgang Johannes (2001): *Finanzsysteme, wirtschaftliches Wachstum und die Rolle des Staates: ein funktionaler Ansatz unter Berücksichtigung der Reformerfahrung lateinamerikanischer Länder.* Wirtschaftspolitische Forschungsarbeiten der Universität zu Köln, Tectum-Verlag, Marburg.

Iguíñiz, Javier (1998): *The economic strategy of the Fujimori Government.* In: Crabtree, J.; Thomas, J. (Hrsg.): Fujimori's Peru: The Political Economy, S. 24-42, University of London, London.

Ishisaka F., Susana (1997): *Política monetaria y desarrollo del mercado secundario de Certificados de Depósitos del Banco Central de Reserva del Perú: 1996-1996.* In: Estudios Económicos, Oktober 1997, S. 51-70, BCRP, Lima.

Ishisaka F. , Susana; Quispe M., Zenón (1995): *Mecanismos de transmissión de la política monetaria en el Perú (1991-1995).* Working Paper, November 1995, BCRP, Lima.

Issing, Ottmar (1993): *Einführung in die Geldpolitik.* 5.überarb. Aufl., Vahlen, München.

Ize, Alain; Levy-Yeyati, Eduardo (1998): *Dollarization of financial intermediation: causes and policy implications.* IMF working paper 98/28, International Monetary Fund, Washington D.C.

Ize, Alain (2001): *Implicancias de la dolarización parcial para el régimen de metas de inflación.* In: Estudios Económicos, Juni 2001, BCRP, Lima.

Kamin, Steven; Turner, Philip; Van´t Dack, Jozef (1998): *The transmission mechanism of monetary policy in emerging market economies: an overview.* The transmission mechanism of monetary policy in emerging markets. BIS Policy Papers No. 3, S. 5-64, Bank For International Settlements, Basel.

Kiguel, Miguel; Liviatan, Nissan (1995): *Stopping three big inflations: Argentina, Brazil and Peru.* In: Reform, Recovery and Growth - Latin America and the Middle East. National Bureau of Economic Research, S. 369-408, The University of Chigago Press; London, Chicago.

Kisic, Drago (1998): *Privatisation, Investment and Sustainabilty.* In: Crabtree, J.; Thomas, J. (Hrsg.): Fujimori's Peru: The Political Economy, S. 43-61, University of London, London.

Klein, Thilo (1997): *Die peruanische Währungsreform von 1990.* Tectum Verlag, Marburg.

Ledesma Liébana, Patricia. (1997): *Financial liberalization in a dollarized economy: Peru 1990-1995.* working draft, University of Notre Dame, Notre Dame, IN.

León Fernández, David (1999): *La información contenida en los agregados monetarios en el Perú.* In : Estudios Económicos, Dez. 1999, S. 11-26, BCRP, Lima.

Lezama Coca, Hugo (1999): *La deuda externa por pagar.* In: Revista de la Facultad de Ciencias Económicas de la Universidad de San Marcos, Jahr 4, No. 11, März 1999, S. 81-96, Lima

Lizondo, Saul et al. (2001): *Peru: Selected Issues.* IMF Staff Country Report No. 01/51, International Monetary Fund, Washington D.C.

Luque G., Javier ; Perea F., Hugo (1995): *La emisión primaria y los mecanismos de transmisión de la política monetaria en el Perú: 1991-1995.* Working Paper, November 1995, BCRP, Lima.

Mesias Camargo, Rita (1995): *Estructura bancaria y rentabilidad del sistema bancario peruano.* XII. Encuentro de Economistas, Nov. 1995, BCRP, Lima.

Mishkin, Frederic S.; Savastano, Miguel (2000): *Monetary Policy Strategies for Latin America.* NBER Working Paper 7617, Cambridge, Massachusetts.

Moguillansky, Graciela (1996): *Existe una brecha cambiaria en el Perú?* In: Apuntes 38, Revista de ciencias sociales, S. 41-72, CIUP, Lima.

Ortiz, Marienella (2002): *Richard Webb presentó programa monetario para el 2002.* In: La República vom 30.1.2002, online am 30.1.2001: www.larepublica.com.pe/economia.htm

o.V. (1993a): *Constitución política del Peru.* Online am 13.11.2001: www.bcrp.gob.pe/normas_legales/CapV.htm

o.V. (1993b): *Ley Orgánica del Banco Central de Reservas del Peru.* Online am 13.11.2001: www.bcrp.gob.pe/normas_legales/ley_organica/titulo1.htm

o.V. (1994): *Pariser Club.* In: Gabler Wirtschaftslexikon, Band 8, 13. Auflage, Gabler, Wiesbaden.

o.V. (2001): *Fujimori y Montesinos serán investigados por malos manejos de la deuda externa.* In : Gestión vom 27.8.2001, online am 18.12.2001 www.gestion.com.pe/archivo/2001/ago/27/1poli.htm

Parodi Trece, Carlos (2001): *Peru 1960-2000: politicas económicas y sociales en entornos cambiantes.* Centro de Investigación de la Universidad del Pacífico (CIUP), Lima.

Pasco-Font, Alberto (2000): *Politicas de estabilización y reformas estructurales: Perú.* Serie Reformas Económicas 66, CEPAL, Santiago de Chile.

Quispe Misaico, Zenón (1998): *Una aproximación a la demanda de los principales agregados monetarios en el Perú: junio 1991 – mayo 1997.* In Estudios Económicos, Abril 1998, S. 9-23, BCRP, Lima.

Quispe Misaico, Zenón (2000): *Política monetaria en una economía con dolarización parcial: el caso del Perú.* In Estudios Económicos, Nov. 2000, S. 13-33, BCRP, Lima.

Roca Garay, Richard (2000): *Dolarización, cajas de convertibilidad y monedas regionales.* Online am 14.12.2001: http://200.10.69.98/prof/rroca/Publicaciones/Dolarizacion.htm

Rodriguez, Carlos Alfredo (1992): *Money and credit under currency substitution.* IMF working paper 92/99, November 1992, International Monetary Fund, Washington D.C.

Rojas, Jorge (1994): *La reforma del sistema financiero peruano, 1990-1995.* In: Revista del departamento de Economía de la Pontifica Universidad Católica del Perú, Volume XVII, No. 33-34, Jul.-Dic. 1994, Lima.

Rossini Miñán, Renzo (2001): *Aspectos de la adopción de un régimen de metas de inflación en el Peru.* In : Estudios Económicos, Juni 2001, BCRP, Lima.

Roy, Tobias (2000): *Ursachen und Wirkungen der Dollarisierung in Entwicklungsländern- Ein Erklärungsansatz unter besonderer Berücksichtigung Boliviens,* Studien zu monetären Ökonomie, Metropolis, Marburg.

Sancho, Alejandro (1999): *Devaluación, sistema bancario y flujos de capital.* In: Actualidad Económica del Peru, No. 196, Mai-Juli 1999, S, 19-22, Inca S.A., Lima

Savastano, Miguel (1996): *Dollarization in Latin America: Recent Evidence and Some Policy Issues.* IMF working paper 96/4, Januar 1996, International Monetary Fund, Washington D.C.

Schweickert, Rainer (1993): *Geld- und Wechselkurspolitik in Entwicklungsländern – Eine Analyse alternativer Stabilisierungs- und Anpassungsstrategien.* Kieler Studien Nr. 256, Mohr, Tübingen.

Stone, Marc R. (2001): *Aspectos prácticos de la adopción de un esquema de metas de inflación en economías emergentes : posibles implicancias para el Perú.* In: Estudios Económicos, Juni 2001, BCRP, Lima.

Suárez, Germán (1994) : *Manejo monetario y cambiario del Banco Central.* Exposición del Presidente del Banco Central de Reservas del Perú, Mai 1994, BCRP, Lima.

Thorp, Rosemary (1995): *Gestión económica y desarrollo en Peru y Colombia.* Centro de Investigación de la Universidad del Pacífico (CIUP), Lima.

Van 't Dack (1999): *Implementing monetary policy in emerging market economies: an overview of issues.* In: The transmission mechanism of monetary policy in emerging markets. BIS Policy Papers No. 5, S. 3-72, Bank For International Settlements, Basel.

Velarde, Julio; Rodriguez, Martha (1990): *El programa de estabilización de agosto de 1990 : Las politicas monetaria y cambiaria.* In: Portocarrero Maisch, Javier (Hrsg.), Foro económico: Perú 1990 – Estabilización y políticas monetaria y cambiaria, S. 11-36, Lima.

Velarde, Julio ; Rodríguez, Martha (2001): *Efectos de la crisis financiera internacional en la economía peruana 1997-1998.* Documento de trabajo No. 36, Centro de Investigación de la Universidad del Pacifico (CIUP), Lima.

Wagner, Helmut (1998): *Inflation Targeting.* In: Wirtschaftswissenschaftliches Studium (WiSt), 27. Jahrgang 1998, S. 295-301, Vahlen und Beck, München, Frankfurt.

Wienen, Angela (1994): *Stabilisierungspolitik im Transformationsprozess.*, Institut für Wirtschaftspolitik an der Universität zu Köln, Köln.

Zegarra B. Luis Felipe (2000) : *El Ratio de sacrificio y los efectos reales de la política monetaria.* In : Revista Moneda No. 124, Nov.- Dez. 2000, BCRP, Lima.

In der Schriftenreihe *Wirtschaftspolitische Forschungsarbeiten der Universität zu Köln* sind bisher erschienen:

Terres, Paul:
Der Weg zur Internationalisierung der D-Mark
(Wirtschaftspol. Forschungsarbeiten, Bd. 1)
2 Mikrofiches, 135 S., 37 Euro, 1996
ISBN 3-89608-221-3

Schaffer, Thomas:
Privatisierungskonzepte im Transformationsprozeß sozialistischer Planwirtschaften
(Wirtschaftspol. Forschungsarbeiten, Bd. 2)
2 Mikrofiches, 141 S., 37 Euro, 1996
ISBN 3-89608-222-1

Prokop, Marc:
Finanzwirtschaftliche und finanzwissenschaftliche Aspekte eines Europäischen Finanzausgleichs
(Wirtschaftspol. Forschungsarbeiten, Bd. 3)
2 Mikrofiches, 135 S., 27 Euro, 1996
ISBN 3-89608-223-X

Merten, Iris:
Geldpolitik in Spanien. Von den frühen 70er Jahren bis zur Gegenwart.
(Wirtschaftspol. Forschungsarbeiten, Bd. 4)
2 Mikrofiches, 152 S., 37 Euro, 1996
ISBN 3-89608-224-8

Mikoleizik, Andreas:
Geldverfassung und Geldwertstabilität
(Wirtschaftspol. Forschungsarbeiten, Bd. 5)
1 Mikrofiche, 87 S., 27 Euro, 1996
ISBN 3-89608-225-6 (inzwischen auch als Buchausgabe lieferbar unter der ISBN 3-8288-9019-9 zum Preis von 25,90 Euro)

Scharrenbroch, Christiane:
Die Konvergenzkriterien des Vertrages von Maastricht und ihre ökonomische Begründung
(Wirtschaftspol. Forschungsarbeiten, Bd. 6)
2 Mikrofiches, 125 S., 27 Euro, 1996
ISBN 3-89608-226-4

Böhlich, Susanne:
Die Verschuldung als Finanzierungsinstrument der Europäischen Union
(Wirtschaftspol. Forschungsarbeiten, Bd. 7)
1 Mikrofiche, 93 S., 27 Euro, 1996
ISBN 3-89608-227-2

Seiche, Florian:
Die Savings und Loan Industrie in den Vereinigten Staaten von Amerika. Anatomie einer Krise
(Wirtschaftspol. Forschungsarbeiten, Bd. 8)
1 Mikrofiche, 87 S., 27 Euro, 1996
ISBN 3-89608-228-0

Borgis, Oliver:
Internationale Währungskooperation am Beispiel des Weltgeldmengenkonzeptes von McKinnon
(Wirtschaftspol. Forschungsarbeiten, Bd. 9)
2 Mikrofiches, 105 S., 37 Euro, 1996
ISBN 3-89608-229-9

Ditzer, Roman:
Die japanische Entwicklungshilfe
(Wirtschaftspol. Forschungsarbeiten, Bd. 10)
2 Mikrofiches, 99 S., 37 Euro, 1996
ISBN 3-89608-230-2

Klein, Thilo:
Die peruanische Währungsreform von 1990
(Wirtschaftspol. Forschungsarbeiten, Bd. 11)
2 Mikrofiches, 106 S., 37 Euro, 1997
ISBN 3-89608-594-8

Hagenkort, Susanne:
Der Geldschöpfungsgewinn bei staatlichem Geldangebot
(Wirtschaftspol. Forschungsarbeiten, Bd. 12)
1 Mikrofiche, 83 S., 27 Euro, 1997
ISBN 3-89608-595-6

Zängerle, Robert:
Medienkonzentration im Fernsehen. Ursachen und Möglichkeiten ihrer Begrenzung am Beispiel Brasilien
(Wirtschaftspol. Forschungsarbeiten, Bd. 13)
2 Mikrofiches, 108 S., 37 Euro, 1997
ISBN 3-89608-596-4

Seiche, Florian:
Währungskonkurrenz und Notenbankfreiheit. Möglichkeiten einer wettbewerblich organisierten Geldverfassung ?
(Wirtschaftspol. Forschungsarbeiten, Bd. 14)
als Buch lieferbar, 232 S., 25,90 Euro, 1997
ISBN 3-89608-764-9

Stapf, Jelena:
Zur Theorie der Währungskonkurrenz. Beseitigung des staatlichen Geldangebotsmo-
nopols und der Geldnachfrageschranken
(Wirtschaftspol. Forschungsarbeiten, Bd. 15)
1 Mikrofiche, 82 S., 27 Euro, 1997
ISBN 3-8288-0031-9

Brochhagen, Thomas:
Die westdeutsche Währungsreform von 1948
und die Währungsreform 1990 in der DDR:
eine vergleichende Betrachtung
(Wirtschaftspol. Forschungsarbeiten, Bd. 16)
2 Mikrofiches, 186 S., 37 Euro, 1997
ISBN 3-8288-0103-X

Wacker, Heiko:
Das brasilianische Wechselkurssystem
(Wirtschaftspol. Forschungsarbeiten; Bd. 17)
als Buch lieferbar, 114 S., 21,90 Euro, 1997
ISBN 3-89608-812-2

Ute Eckhardt:
Dezentralisierung in Kolumbien. Eine Analyse
der Reorganisation von Aufgaben,
Finanzbeziehungen und Kontrollmechanismen
zwischen Gebieteskörperschaften,
(Wirtschaftspol. Forschungsarbeiten; Bd. 18)
als Buch lieferbar, 290 S., 25,90 Euro, 1998
ISBN 3-8288-9013-X

Fritsche, Michael:
Der aktive Finanzausgleich in Brasilien auf der
Grundlage der Verfassung von 1988
(Wirtschaftspol. Forschungsarbeiten; Bd. 19)
als Buch lieferbar, 174 S., 25,90 Euro, 1997
ISBN 3-89608-815-7

Schmücker, Julia:
Erfolgreiche Stabilisierungspolitik nach einer
großen offenen Inflation. Der Plan Cavallo in
Argentinien
(Wirtschaftspol. Forschungsarbeiten; Bd. 20)
als Buch lieferbar, 114 S., 25,90 Euro, 1998
ISBN 3-8288-9008-3

Kellner, Gundula:
Die chilenische Rentenreform und ihre
Bedeutung für die inländische Kapitalbildung
(Wirtschaftspol. Forschungsarbeiten; Bd. 21)
als Buch lieferbar, 140 S., 25,90 Euro, 1998
ISBN 3-8288-9016-4

Mann, Thomas:
Fundamentale Zahlungsbilanzkrisenmodelle
und Bankenkrise am Fallbeispiel Mexiko
(Wirtschaftspol. Forschungsarbeiten; Bd. 22)
als Buch lieferbar, 204 S., 25,90 Euro, 1998
ISBN 3-8288-9017-2

Thiel, Ingo:
Der dörfliche Bodenübernahmevertrag
(nongcun tudi chengbao hetong) in der VR
China
(Wirtschaftspol. Forschungsarbeiten; Bd. 23)
als Buch lieferbar, 118 S., 25,90 Euro
ISBN 3-8288-9018-0

Sachon, Julia:
Das Currency-Board-System der
Währungspolitik als Stabilisierungsinstrument
am Beispiel Argentiniens
(Wirtschaftspol. Forschungsarbeiten; Bd. 24)
als Buch lieferbar, 140 S., 25,90 Euro, 1998
ISBN 3-8288-9023-7

Forati Kashani, Vahid:
Das iranische Finanzsystem
(Wirtschaftspol. Forschungsarbeiten; Bd. 25)
als Buch lieferbar, 336 S., 25,90 Euro, 1998
ISBN 3-8288-9024-5

Schumacher Xavier, Cordula:
Stabilisierungspolitik in Brasilien.
Der Plano Real
(Wirtschaftspol. Forschungsarbeiten; Bd. 26)
als Buch lieferbar, 116 S., 25,90 Euro, 1998
ISBN 3-8288-9026-1

Ditzer, Roman:
Der Instrumenteneinsatz in der japanischen
Regionalpolitik mit einer Fallstudie zur
Präfektur Okinawa
(Wirtschaftspol. Forschungsarbeiten; Bd. 27)
als Buch lieferbar, 214 S., 25,90 Euro, 1998
ISBN 3-8288-9028-8

Rumker-Yazbek, Dorothee:
Die Indexierung in der Wirtschaft Brasiliens
(Wirtschaftspol. Forschungsarbeiten; Bd. 28)
als Buch lieferbar, 92 S., 25,90 Euro, 1999
ISBN 3-8288-9032-6

Prokop, Marc:
Finanzausgleich und europäische Integration.
Ein regionaler Ansatz
(Wirtschaftspol. Forschungsarbeiten; Bd. 29)
als Buch lieferbar, 302 S., 25,90 Euro, 1999
ISBN 3-8288-9030-X

Homann, Simone:
Reformen des Finanzsystems im
Transformationsprozeß zentral geplanter
Volkswirtschaften. Das Beispiel der
Volksrepublik China
(Wirtschaftspol. Forschungsarbeiten; Bd. 30)
als Buch lieferbar, 174 S., 25,90 Euro, 1999
ISBN 3-8288-9036-9

Mohr, Matthias:
Der Einfluß der Kommunalverfassung auf die
Kommunalverschuldung
(Wirtschaftspol. Forschungsarbeiten; Bd. 31)
als Buch lieferbar, 200 S., 25,90 Euro, 1999
ISBN 3-8288-9031-8

**Feldsieper, Manfred; Wessels, Wolfgang
(Hrsg.):**
Die Beziehungen zwischen der Europäischen
Union und Lateinamerika. Ein Materialband
zum Lehrprojekt "Simulationsseminare EU-
Lateinamerika" an der Universität zu Köln
(Wirtschaftspol. Forschungsarbeiten; Bd. 32)
als Buch lieferbar, 120 S., 25,90 Euro, 1999
ISBN 3-8288-9034-2

Hartmann, Philipp:
Agrarreform im brasilianischen Bundesstaat
Ceará. Ökonomische Analyse und Bewertung
(Wirtschaftspol. Forschungsarbeiten; Bd. 33)
als Buch lieferbar, 118 S., 25,90 Euro, 1999
ISBN 3-8288-9037-7

Bürfent, Peter:
Rentenreformen in Lateinamerika
(Wirtschaftspol. Forschungsarbeiten; Bd. 34)
als Buch lieferbar, 366 S., 25,90 Euro, 2000
ISBN 3-8288-9038-5

Conrad, Heinz Harald:
Reformen und Problembereiche der
öffentlichen Rentenversicherung in Japan
(Wirtschaftspol. Forschungsarbeiten; Bd. 35)
als Buch lieferbar, 331 S., 25,90 Euro, 2000
ISBN 3-8288-8159-9

Gerstenberger, Björn:
Die Stellung der Zentralbank im
wirtschaftspolitischen System Brasiliens
(Wirtschaftspol. Forschungsarbeiten; Bd. 36)
als Buch lieferbar, 105 S., 25,90 Euro, 2000
ISBN 3-8288-8164-5

Botzenhardt, Philipp:
Konzepte zur Messung der Unabhängigkeit
von Zentralbanken
(Wirtschaftspol. Forschungsarbeiten; Bd. 37)
als Buch lieferbar, 105 S., 25,90 Euro, 2000
ISBN 3-8288-8214-5

Murwanashyaka, Ignace:
Untersuchungen über die Geldnachfrage in
Südafrika
(Wirtschaftspol. Forschungsarbeiten; Bd. 38)
als Buch lieferbar, 203 S., 25,90 Euro, 2001
ISBN 3-8288-8232-3

Hügle, Wolfgang J.:
Finanzsysteme, wirtschaftliches Wachstum
und die Rolle des Staates. Ein funktionaler
Ansatz unter Berücksichtigung der
Reformerfahrung lateinamerikanischer Länder
(Wirtschaftspol. Forschungsarbeiten; Bd. 39)
als Buch lieferbar, 301 S., 25,90 Euro, 2001
ISBN 3-8288-8234-X

König, Torsten:
Das regelgebundene Währungssystem der
Franc-Zone im Wandel der Zeit.
(Wirtschaftspol. Forschungsarbeiten; Bd. 40)
als Buch lieferbar, 280 S., 25,90 Euro, 2001
ISBN 3-8288-8270-6

Engellandt, Axel:
Finanzintermediation und Leitwährungen. Ein
grundlegender Beitrag zu einer internationalen
Geldtheorie
(Wirtschaftspol. Forschungsarbeiten; Bd. 41)
als Buch lieferbar, 281 S., 25,90 Euro, 2001
ISBN 3-8288-8298-6

Kochalumottil, Beena:
Verfahren, Methoden und neue Ansätze zur
Beurteilung von Länderrisiken
(Wirtschaftspol. Forschungsarbeiten; Bd. 42)
als Buch lieferbar, 127 S., 25,90 Euro, 2002
ISBN 3-8288-8348-6

Schroeder-Hohenwarth, Jan:
Staatliche Regulierung und die Krise des
kamerunischen Bankensystems von 1986-1997
(Wirtschaftspol. Forschungsarbeiten; Bd. 43)
als Buch lieferbar, 255 S., 25,90 Euro, 2002
ISBN 3-8288- 8372-9

Jung, Martina:
Geldpolitik in Peru nach der Währungsreform
1990
(Wirtschaftspol. Forschungsarbeiten; Bd. 44)
als Buch lieferbar, 88 S., 25,90 Euro, 2002
ISBN 3-8288-8439-3